教育部人文社会科学重点研究基地中央民族大学中国少数民族研究中心

教育部人文社会科学重点研究基地重大项目《"一带一路"视野下的
跨界民族事务与边疆治理创新经验国际比较研究》（15JJD850010）成果

常人之境

中国西北边地口岸人的口述

赵 萱　吴俊杰　著

九州出版社
JIUZHOUPRESS｜全国百佳图书出版单位

图书在版编目（CIP）数据

常人之境：中国西北边地口岸人的口述 ／ 赵萱，吴俊杰著. -- 北京：九州出版社，2020.11
ISBN 978-7-5108-9742-9

Ⅰ．①常… Ⅱ．①赵… ②吴… Ⅲ．①通商口岸－介绍－伊犁哈萨克自治州 Ⅳ．①F752.845.2

中国版本图书馆CIP数据核字(2020)第217454号

常人之境：中国西北边地口岸人的口述

作　　者	赵　萱　吴俊杰　著
出版发行	九州出版社
地　　址	北京市西城区阜外大街甲 35 号（100037）
发行电话	（010）68992190/3/5/6
网　　址	www.jiuzhoupress.com
电子信箱	jiuzhou@jiuzhoupress.com
印　　刷	北京捷迅佳彩印刷有限公司
开　　本	880 毫米×1230 毫米　32 开
印　　张	8.375
字　　数	157 千字
版　　次	2020 年 11 月第 1 版
印　　次	2020 年 11 月第 1 次印刷
书　　号	ISBN 978-7-5108-9742-9
定　　价	46.00 元

霍尔果斯南侧路口的欢迎石碑

霍尔果斯市中心的欢迎标志

左边是中方通往哈方的道路，右边道路延伸至天山

中国和哈萨克斯坦连接通道上的标志。蓝色象征哈方，红色象征中方

新修的霍尔果斯南国门（第六代国门）。主要是供车辆往来，2018 年 12 月开始使用

2019 年国庆节期间的合作中心联检大楼

霍尔果斯一角，高楼林立

卡拉苏河广场上游玩的儿童以及跳舞的人们

作者赵萱，摄于霍尔果斯合作中心内哈
萨克斯坦老国门前

作者吴俊杰，摄于霍尔果斯

前　言

位于中国西北边境的霍尔果斯在蒙古语中意为"驼队经过的地方",在哈萨克语中意为"积累财富的地方",自唐朝以来就是古丝绸之路北道上的一个重要驿站。从隋唐开始,霍尔果斯口岸经历了兴盛、萧条以及再次发展的阶段。

1981年霍尔果斯口岸正式通关,1992年正式向第三国开放,霍尔果斯整体呈快速发展趋势,目前已经成为我国西部地区通关条件最便利的国家一类公路口岸。20世纪90年代以来,以霍尔果斯为代表的西北口岸城市在跨界贸易、交通和旅游等方面都有了长足发展,深刻体现了中国在改革开放后边界地区的形貌。

2010年5月,中央新疆工作座谈会决定在霍尔果斯设立经济开发区,实施支持性政策,霍尔果斯地区迎来了新的发展契机。随着2013年"一带一路"倡议的纵深推进,霍尔果斯口岸以全新的面貌出现在大众眼前。作为丝绸之路经济带的重要节点,这座城市所具有的便利和优势愈发凸显。①2014年5月,在北京召开的第二次中央新疆工作座谈会全面总结了2010年中央新疆工作座

---

① 读者可以从霍尔果斯人民政府官网(http://www.xjhegs.gov.cn/)中了解更多的信息。

谈会以来的工作，科学分析了新疆形势，明确了新疆工作的指导思想、基本要求、主攻方向，对当时和今后一个时期的新疆工作作了全面部署，并对新疆地区的就业、教育等民生问题作出了部署和规划。来自全国大部分省市的援疆力量进入了霍尔果斯地区，为这座城市的发展增加了动力。

2001 年至 2011 年，霍尔果斯口岸的 GDP 由 0.6 亿元增长为 30 亿元，翻了 50 倍。[①] 2009 年霍尔果斯对中亚五国的出口贸易额达到 29.6 亿美元，比同期贸易额增长 150%；其中对哈萨克斯坦的出口贸易额最多，达到 20.4 亿美元，比同期贸易额增长 25.6%，占到中亚五国出口贸易总额的 67.4%。2012 年霍尔果斯经济特区完成地方生产总值 41.5 亿元，同比增长 30.01%；实现工业总产值 1.8 亿元，同比增长 98%。[②] 2019 年霍尔果斯市实现地区生产总值 193.46 亿元，增长 8.6%，各方面的发展都取得了较大的进步。[③]

2010 年中央新疆工作座谈会召开后，霍尔果斯在中央的领导以及全国大部分省市的支持下平稳发展。2014 年中央第二次新疆工作座谈会以来，霍尔果斯经济社会发展和民生改善取得的成绩更是有目共睹。随着 2020 年 9 月第三次新疆工作座谈会的召开，

---

① 数据资料来源：霍尔果斯发展改革局。转引自张义：《新疆霍尔果斯口岸经济研究》，硕士学位论文，中央民族大学，2013 年，第 20 页。

② 程伟：《新疆霍尔果斯经济特区发展战略研究》，硕士学位论文，石河子大学，2014 年，第 21、29 页。

③ 《霍尔果斯经济开发区（市）2019 年国民经济和社会发展统计公报》，新疆霍尔果斯市人民政府官网，索引号 h048-30/2020-0915002。

国家针对新疆的整体布局将会为霍尔果斯口岸的发展提供更好的环境。[①] 在良好的整体环境中，霍尔果斯口岸以其可期的发展前景不断吸引着全国各地的人们前往，他们在共同铸就这座城市的同时，也成为这座城市历史中的一部分。

　　本书呈现了霍尔果斯一些口岸人的口述。全书一共分为四个章节，前面三个章节共涵盖九位人物的口述内容，最后一章节则是我们所接触到的一位访谈对象的手稿。从每节的标题可以看出，一定程度上是按照"过去、现在和将来"的主线行文。如此划分并没有非常严格的标准，一方面是因为"口述史"毕竟涉及"历史"，我们希望通过这种形式表现出时间向前演进的脉络；另一方面是我们以他们的个人经历为基础梳理后，依据相似的特性将这些零散的内容整合起来，并概括出主题，方便大家阅读。

---

① 第三次中央新疆工作座谈会于 2020 年 9 月 25 日至 26 日在北京召开。会议总结了 2014 年至 2019 年新疆在经济和民生领域的发展，其中新疆地区生产总值由 9195.9 亿元增长至 13597.1 亿元，人均可支配收入年均增长 9.1%，累计脱贫292.32 万人。在我国全面建成小康社会的决胜阶段，第三次中央新疆工作座谈会的总结和部署是对新疆发展工作的高度支持，同时也为霍尔果斯等西北口岸提供了更加优质的成长空间。

普通人的"一带一路"

赵 萱

2016 年 12 月，中国北方的大部分地区已进入凛冬，我在家住伊犁的好友维吾尔族青年居来提的帮助下沿着被大雪覆盖的伊犁河前往位于中国与哈萨克斯坦边界地区的霍尔果斯口岸考察，结伴而行的还有中央民族大学民族学专业的硕士研究生刘炳林。这是我第二次来到这个地方，上一次是 10 多年前的盛夏跟随母亲从西安出发，以古长安为起点，沿着丝绸之路而行进的旅行。"丝路"伴随着边境上热闹的集市、随处叫卖的异国商品，在我少年时期的记忆里留下了深刻的印象，这份印象孕育了我选择再次回到这里的冲动。而这一次，我希望找寻和开启的是有关"边界人类学"（anthropology of border）的田野调查和学术实践。

2017 年 4 月，我带着两位硕士研究生刘玺鸿和刘炳林第三次来到霍尔果斯，正式对中国西部边界与口岸社会展开调查。我不仅希望他们能够在这里完成硕士阶段的研究，更期待为"边界人类学"的思考摸索出一些方向，并尝试培育未来具有可能性与生产性的边界人类学研究团队。在近 100 天的时间里和捉襟见肘的经费使用中，我们于相同的时空却不同的线索上付出了艰苦的努力，似乎勾勒出了具有特殊性、结构性和丰富性的霍尔果斯。2018 年 7 月，满怀对未来的憧憬，我们一行三人再次回访了霍尔果斯，为新的工作和田野调查奠定基础。我曾想，也许霍尔果斯有机会成为推动中国"边界人类学"研究的一座"前哨站"吧。

2019 年 7 月，我的硕士研究生吴俊杰独自一人再次踏上了前往霍尔果斯的田野之路，我希望她能够以女性的视角在炳林曾经完成的口岸"骆驼队"的研究基础上，为我们提供一幅更富"温度"的霍尔果斯图景，弥补此前的研究过程中过于注重"政治经济"面向而忽视了"人文伦理"维度的缺憾。此外，我专门给俊杰安排了另外一项工作，那就是针对口岸建设和"骆驼队"实践中各类参与者进行口述史意义上的访谈，更为完整、真实地呈现他们的生命轨迹，进而更好地理解普通人在霍尔果斯的生活与抉择。

稍显遗憾的是，虽然口述史的想法和前期访谈任务我在 2018 年的霍尔果斯考察期间就已开始，但正式的工作直到 2019 年夏天才仓促地启动。这一想法最早源于我和学生在"国门小市场"偶然结识的吴思琴和岳永灿老两口，他们从 20 世纪 90 年代初就从四川辗转来到霍尔果斯，生活艰辛但却积极乐观，对我们这些不速之客热情且慷慨。当时岳永灿老人得知我们来自高校，主动将自己来到霍尔果斯之后完成的一部"自传"的手稿贡献了出来，询问是否有机会可以将这些文字变成"铅字"，长久地留存下来。

当初我的想法便是为老人做一部口述史，但随后我在田野中发现，像他们老两口这样从内地辗转多处最终落脚在霍尔果斯，生活艰难却依旧保持梦想的人在本地尚有许多，涵盖不同的年代、行业与年龄层。我开始思考这不仅是岳永灿老人的个性特征，或许也是这座边境城市的性格在个体生命中的再现。于是，我最终决定出版这样一本"小书"，用口述史的方式记录下更多人的生命历程，以此来把握与定位当代中国的边民和口岸人。这是我本人第一次做口述史，也是所有受访者第一次接受口述史的访谈，可以说，在这本书中没有任何一位专业人士。怀揣沉甸甸的信任，我们希望以如此一种方式共同分享和咀嚼对于这座城市的思考和理解。

近年来，霍尔果斯口岸随着"一带一路"向中亚地区和更广阔世界的延展已成为一座在全国范围内家喻户晓的城市，以其独特的"中哈跨境合作中心"的商务和旅游运营模式吸引了众多客商和旅行者的关注。书中绝大多数的受访者，他们的日常生活也都是围绕着合作中心而展开，他们或是在合作中心里面开店做生意，或是每天作为"骆驼队"从合作中心携带商品进出，或是在合作中心外面经营店铺，或是合作中心建设和管理的参与者，他们依靠着合作中心生活，而合作中心与口岸也依靠着他们保持热度，二者互为你我。但这样的描述方式其实大大简化了他们与合作中心以及国家边界的联系，这也是为什么我会选择用口述史的方式来呈现口岸人作为"边民"的日常生活：一方面强调个人生命历程的弹性和韧性，另一方面尝试展现在抽象层面上的边界与人之间关系的复杂性。

在主流的移民和跨界流动的叙事中，为了方便表达人在不同地点之间的流动，通常都是采用"夹头"的方式直接将两个地点连接在一起。这样的展现方式虽然足够直观，但同时却忽视了一个非常重要的现实情境，即人口的迁移过程是复杂、迂回和曲折的，并非一蹴而就。当代西方的边界研究批判者已经指出以箭头的方式表达移民的迁移事实上是在制造一种移民入侵的视觉冲击，即引导公众认为移民是有意识地和直接地从出发地前往目的地。但事实上，例如欧洲移民潮中的移民的迁移过程本就是难以预料的，他们最终的目的地也具有不确定性。

而我在对霍尔果斯的研究中也开始注意到，虽然霍尔果斯口岸聚集着众多由内地而来的移民，构成了口岸人的主体，他们也确乎希望在口岸找到致富的机遇，但他们迁移到此的路线非常复杂，往往并不是直接来到霍尔果斯，甚至出现了反复迁移到霍尔果斯的情形。通由口述史的方式，这种复杂性逐渐浮现，其不仅表现在空间层面，更彰显于生命层面，正是不同的迁移方式和经历使得他们对于这座城市有着不一样的认识和期待，塑造了霍尔果斯整座城市的"性格"。口岸人的生活从不是孤立的，口岸人的身份也不是绝对的，其实存在着一个持续且无法中断的"成为口岸人"的具体过程，在此之中最为重要的则是人们在前往霍尔果斯成为口岸人的过程中与其他地点和生活遭遇的联系。例如，在访谈中，许多受访者其实都有着在"兵团"打工的经历，这个经历极大地影响了他们后来在口岸的生活。通过将线性的箭头变为曲折的轨迹，移民与口岸、人与边界、流动与固定在更大的时空范畴内和日常生活交织在一起，最终呈现为一种更为饱满的认知。

本书的受访者大都是从内地而来的汉人移民，其中一些是因为早年来到边疆"讨生活"，还有一些则是觉得边疆相比内地蕴藏着更大的发展机会。在他们的故事中包含了个体对于霍尔果斯口岸经济生活的诸多想象、失望与期待，这使得边界在他们的眼中更多地与政治经济而非文化象征相联系；与此同时，霍尔果斯的合作中心作为一类顶层设计却充满了国家层面对于边疆社会的文化构建与政治设想。在两种相悖的观念遭遇中，我们似乎可以观察到一种与当前知识界侧重于文化、历史或政治的边疆研究所不同的思考路径，即围绕边界的现代治理。

虽然受访者的日常生活和身份差异巨大，但他们的经历共同指向了如何在国家的边疆发展进程之中和宏观的战略构想之下找到自己可能的位置，而不是聚焦于文化认同。人们一方面迫切地期待国家的治理干预，渴望霍尔果斯拥有更多的投资、项目和游客；另一方面他们又在日常生活中与治理干预相博弈，例如"骆驼队"如何频繁地与海关检查人员合作和周旋，从而将客户所需的免税商品带出合作中心。诸如此类的观念与实践当然有历史传统（作为通商口岸）、文化表征（合作中心的空间安排）和政治设计（跨境合作中心的定位、规章、制度和规划）的影响，但更为重要的是围绕着合作中心所展开的日常"治理"实践，其所要回答的核心问题是在现实生活中，国家对口岸的治理如何展开？口岸人自身所具有的主体性是在怎样的情景下生成的？一个可以落实的判断是，不作为一般意义上的边民的口岸人既不是以保持自身本土性的名义抗拒国家治理，也不是简单地接受国家治理，而总是处于一种相互期待和协商中，他们的身份和主体性不再是本质化的，也不是唯一的，总是处于变化之中，总是在治理实践中不断形成和转变。

沿着主体性的话题，我们应当如何理解边界和人之间的关系：国家边界的划定决定了人的主体性，还是人可以围绕国家边界来塑造自身的主体性？在现有的论述中似乎充斥着本质化与还原论的色彩，例如将边界与边民看作是一种二元对立的关系，要么是边界决定了边民，要么是边民拒绝了边界。也因此，我们经常会看到研究者去讨论边界划定的民族主义如何塑造了边民的公民身份，或者反过来，边民忽视边界的划定继续保持自身既有的跨界生活。在本书中，透过受访者的表述，边界和口岸人之间存在一种更为复杂的关系，他们既不是被边界所支配，也不是对边界毫不关注，相反，他们承认边界的存在，并在此基础上通过与边界的日常互动而不断塑造和生产着边界的内涵。例如，正是吴思琴这样一类长期紧挨着国门做生意的口岸人在 20 世纪 90 年代开启了霍尔果斯口岸最早的旅游业务，随后其才逐步被官方承认和接受，并发展为今天的"国门景区"。

同样，霍尔果斯"骆驼队"的行为并不仅仅是出于挣钱，还延伸出社会交往、寻找商机和自我认可的主体诉求。所以我们才会看到一些"骆驼队"本来有着稳定的退休收入，儿女孝顺，但却还是热衷于从事着工资日结的小商品运输工作。在他们眼中，边界也是能够满足个人快乐与幸福以及产生自信的空间。毫无疑问，边界的内涵由此变得丰富，他们为边界注入了新的"情感"向度，进而超越了以民族国家为中心的主流认识，这一进阶对于未来的边界研究无疑具有拓展意义。

我们的受访者生活在"一带一路"之上，却也都是一些"小人物"，这些普通人的故事有时候甚至过于琐碎和有些无聊，但也许在这些琐碎和无聊中才有可能寻摸到边界的复杂性，这往往是宏大叙事最易忽视的内容：他们曲折的迁移历程、在治理实践中的选择以及不期而遇的主体性生产。当然，这样一本"小书"并无法呈现霍尔果斯口岸人的全貌，这座充满流动性的边境城市本身也很难以一种结构性的方式来加以叙述。但是我们仍然力求完整、真实地记录他们中一部分人某一片段的生命历程来把握作为边界的霍尔果斯，以此触及与解读城市的性格，并懂得去欣赏生活在这里的每一个人的期待与执着。

写于中央民族大学北智楼

2019 年 12 月 17 日

目　录

历经半世纪沉浮，见证几十载历史

——吴思琴、杨菜华、童凤琴口述

| 访谈者按 |

在第一个章节里，我力图通过访谈对象的口述呈现出霍尔果斯及周边地区的历史和现状，包括清水河、兵团以及各个连队。无论是过去还是现在，霍尔果斯与周边城市的联系都不容忽视。

本章节所涉及的访谈对象年龄均为 60 岁以上，其中最高年龄为 74 岁。他们的人生阅历不胜枚举，但最早到达霍尔果斯的时间集中于 1994 年左右，因此，理清他们的主要人生经历，可以大致描述出从 20 世纪 90 年代至今的霍尔果斯。

"老边贸""老互市""国门小市场"以及"合作中心"是当地人经常提及的事物，为避免在口述正文中重复叙述，在此做一个简单的介绍和说明。当地人口中的"老边贸"和"老互市"是指 1992 年 8 月 15 日在霍尔果斯开业的"边民互市贸易市场"，这也是新疆维吾尔自治区第一个边民互市点。①根据在当地的调查，该市场于 1994 年逐渐衰败，2000 年以后分化为"互市贸易中心""国际物流中心"等区域，不如以前

---

① 任冰心：《中国新疆霍尔果斯口岸贸易发展史研究》，硕士学位论文，新疆大学，2003 年，第 43 页。

繁荣。[①]"国门小市场"不是由官方命名，只是民众在"国门"前自发形成的旅游商品销售市场，于 2000 年左右兴起，从流动的摊铺发展为国门前集中规划的小木屋，最后在 2018 年 3 月 20 日被城建局拆除。"中哈霍尔果斯国际边境合作中心"在人们的口中简述为"合作中心"，它是中国首个跨境合作中心，总面积为 5.6 平方千米，中方区域 3.43 平方千米，哈方[②]区域 2.17 平方千米，2012 年 4 月 18 日封关运营直至今日。[③]合作中心的运营收入成为霍尔果斯市主要的经济增长点。

---

① 刘玺鸿：《边界"组装"——新疆霍尔果斯的边界人类学考察》，硕士学位论文，中央民族大学，2018 年，第 64 页。
② 本书中"哈方"的"哈"指哈萨克斯坦。
③ 霍尔果斯概况，见霍尔果斯人民政府官网（http://www.xjhegs.gov.cn/），2020-09-14。

一、今生的第三次重新开始

——吴思琴口述："现在的心啊，也就平静了"

时　间：2019 年 9 月 13 日

地　点：新疆霍尔果斯，四川酒家小区，七单元，三楼

访谈者：吴俊杰

在场者：岳永灿（吴思琴丈夫）

| 访谈者按 |

　　我们团队与岳永灿和吴思琴夫妇在 2017 年已经有所接触，2019 年我在霍尔果斯期间，他们给了我极大的关怀与照顾。我平日里称呼他们为岳大爷和吴阿姨。岳大爷的耳朵不太灵敏，方言口音比较重，因此我的主要访谈对象是吴阿姨，她有时负责帮助丈夫向我转述一些话。中秋节前一晚，吴阿姨邀请我到家中吃饭，饭后，我与她进行了一次长达 2 个多小时的访谈，内容涉及他们的生平事迹以及对当下和未来的看法。因为节日独有的气氛，本次的访谈过程极为通顺，他

们所流露出的情感也极为真挚。我在呈现这次访谈的主要内容时，对于一些感情的表述有所保留，并依照时间顺序分为 5 个部分，涵盖了他们从四川到霍尔果斯的所有历程。

吴思琴 1957 年生于四川，1981 年和岳永灿在老家结婚，现育有 1 儿 2 女，两人已在霍尔果斯生活近 25 年。岳永灿在 1991 年到新疆石河子打工，吴思琴在 1993 年父亲过世后随丈夫到新疆，3 个孩子留给家中的母亲照顾。初来新疆的几年里，吴思琴和岳永灿不断辗转在形形色色不同的人家中借住，生活艰辛，四处漂泊。1994 年，夫妻两人正式来到霍尔果斯，并于 8 月份租赁了属于自己的房子，第一次白手起家。1996 年底，吴思琴的母亲将他们的 3 个孩子送到霍尔果斯，一家团圆。他们之后借钱买了第一台冰箱，生活开始渐渐步入正轨。2006 年，因家中母亲重病，吴思琴一家散尽积蓄，回疆后第二次白手起家。2017 年，我们与他们初次接触，那时他们刚在霍尔果斯的"国门小市场"里面买了小木屋，用以贩卖饮料等小商品。作为游客聚集的景区，国门小市场的收入尚且可观，直至 2019 年 3 月 20 日，因霍尔果斯市城建局进行市内建筑规划改造，国门前的所有木屋皆被拆除，吴思琴夫妇从此不再做生意，开始帮助儿女照顾店铺，并偶尔在霍尔果斯市道路上的地下通道里摆摊，赚取一些零花钱。2019

年 10 月，吴思琴的儿子为他们购置了一套二手房，两人于月初搬家，开始了在新家的生活，吴思琴因此称之为是"今生的第三次重新开始"。

作为很早一批来到新疆打拼的人，吴思琴夫妇经历了国门小市场的兴衰、第五代到第六代新旧国门的变迁等大事件，他们的生命历程与国家的发展和边界贸易紧密相连，尤其是与霍尔果斯的发展息息相关。他们共同见证了新中国的崛起与兴盛，更是亲历了霍尔果斯这座城市从九十年代至今的变化。通过对他们这一类人的访谈和了解，我们得以从最生活化的角度看到国家日益繁荣的进程，这种对话的亲切感也是我选择将她作为我的主要访谈对象的原因。吴思琴是社会构成中的一个小角色，也是任何一座城市生活都离不开的重要角色，他们一家是口岸最真切的见证者。我希望能够在访谈中尽量完成好倾听者的角色，最后剥茧抽丝地从她的话语中展现出真实的城市一角，这也是我希望大家能够看到的。

一、初来新疆

访谈者：你们当时为什么要来新疆？

吴思琴：我们那时候在这里打工。你岳大爷先来打工，他从四川到新疆来打工，我没来。他在石河子同他们岳家的兄弟那些人，准备在煤窑上去做工。他耳朵听不到，最后就在石河子造纸厂干了一个冬天，一天五块钱。冬天冰天雪地的，他就是去砍那个芦苇，把那个芦苇砍来造纸，在边界附近去砍。芦苇长在河里面，冬天那个水就结冰了，汽车开上去那个冰都不会化，人就在那个地里面用土挖那种地窑子，（岳永灿）①就住在里面。

访谈者：那是几几年的时候？

吴思琴：1991 年还是 1992 年？那时候钱只够他自己花，面粉都没有吃的。有个河南老乡，人家来得早有底子，他那个面粉时间长了，里面就长那种小虫子了，他不要了，就送给你岳大爷吃。

访谈者：当时很辛苦？

吴思琴：嗯，天不亮就要走几公里到那个厂里面去干活儿，（岳永灿）就住他们岳家一个堂妹家。他们去了 3 个人②,（堂妹家）就要给他们 3 个人腾一间房住。（堂妹家）人家 4 个人住一间，还要在里面做饭吃，太挤了。坐在那个床边上，过路都过不去。但是冰天雪地，你没办法，你刚去没有钱。我们家里喂了 4 个猪，卖了 2 个大肥猪，做了他们 3 个人的路费。我想给他买双翻毛皮鞋，买袜子，他都不要。3 个人就把那 2 个猪的钱做路费用了，

---

① 全书口述内容中括号内的文字皆为笔者补充。
② 这三人分别是岳永灿、岳永灿的堂弟岳永国、岳永灿的远方亲戚岳世才。这一部分内容在最后一章岳永灿的手稿里有详尽的描写。

拢了^①什么都没有了。最后在造纸厂找到工作了，他那里面就有住的地方，但是没有生火（做饭）。他那个堂妹夫在石河子农业大学里面煮饭，做那种白馍，学校里面那些馍馍吃不完的就带回来，就给（岳永灿）他们吃。他说住了 1 个月，借了 100 块钱生活费。十多年之后了，我们才把那个钱给（堂妹家）他们打过去，打了 600 块钱，当时 600 块钱都觉得不够，但是也应该还。最后（岳永灿）又去精河县，干了 3 个月，应得 500 块钱，但这 3 个月 500 块钱的工资都没给。最后工程结束了，地方上栽枸杞，就是连队上栽枸杞，需要劳力打栽树那个窝窝，多少钱一个窝子，这样子就去打窝了。那时候干了 3 天，挣了 400 块钱。那一年（岳永灿）就寄了 400 块钱回来。

访谈者：在精河县是几几年的时候？

吴思琴：1992 年。

访谈者：那个时候您还没过来？

吴思琴：没有。1993 年我父亲过世了，我才过来的。因为 1992 年腊月十一我爸突然吃东西吃不下去了，一检查，食道癌。腊月十一、正月十一、二月十一，人不行了，我才发电报，他才回来的。他最后回来了。回家一个月，我父亲就过世了。把我父亲安葬了，我们端午节过了才出来的。我们一起过来，就把我娃娃丢给我弟弟和我妈妈带着。

① 四川方言，表示"到了"。

访谈者：当时有几个孩子？

吴思琴：三个。小的那个还没上一年级，还在上学前班，两个大的还在读五年级。那个时候来新疆太可怜了，天气又热，一是对气候、时间都适应不过来，并且还住在人家家里面——就是你岳大爷打工的那个老板①的父亲家，给他养牛养羊。来了之后，（老板父亲）他种了100多亩地，我和你岳大爷也干了一个夏天。我们是端午节来的，端午节来就正好收麦子了。那个麦子要人工割，割了之后还要一捆一捆地捆，我不会捆。天不亮就用拖拉机拉到地头，那个路土大得不得了。11点钟了，（老板父亲）给我们送早饭来了。那个茶是粗茶，里面全是茶叶渣渣，刚来看到根本吃不下；馍馍上面全是土，吹得非常干；菜只有大蒜。2个月了，我这个口腔、鼻腔全是漆黑的，缓不过来。气候又燥，住在人家家里面，啥都不方便，洗澡就是用一盆水。7月份（老板父亲）他的庄稼收完了，我们说学生上学要费钱，他就让我们自己出去挣钱。他给我们介绍了他的一个亲戚，在那拉提，我们到那去挖洋芋。那个风——我来的时候8月份，头巾包着，吹得耳朵嗡嗡地叫，一脸全是土。我第二天就把手的那个骨头（震断了）。你知道，像钉耙那种（工具），用力一挖就挖到那个戈壁上了，一震就把那个骨头震破了，就肿了那么大个包，还在坚持干。最后那个

① 姓唐，岳永灿在精河县打工时的老板。吴思琴来新疆的初期就住在唐老板的父亲唐叔叔家中，在新源县的兵团。

洋芋挖出来打粉，就喊我去晒粉。你得干。8 块钱一天，好歹有钱了。挖了半个月，洋芋挖完了，又回到新源县的兵团，又在那里掰苞米、削甜菜，一直做到阴历的冬月初几。

访谈者：当时回去新源县赚到钱了吗？

吴思琴：嗯，900 块钱。三个娃娃在老家，就寄了 500 块钱回家，剩了 400 块钱。你岳大爷说一个男人家，出门要有衣服，就买了一套西装，一双皮鞋。我讲我什么都不要。他买了之后就剩了 200 多块钱，还留着，给娃娃准备开春的学费钱。一过来就没有钱了，冬天了，还住在人家家里面。最后霍尔果斯开放了，精河县老板的爸爸又认识一个人，就把他（老板）调到霍尔果斯供销社，（老板）就到这边来了，就把我们也带过来了。

二、到霍尔果斯

访谈者：您当时是几几年到的霍尔果斯，1994 年？当时小孩子都在吗？

吴思琴：1994 年，我是二三月份过来的。小孩子都没来，在他们姥姥家。我们来了自己都不稳定，孩子带来了怎么办？我们来了 3 年之后小孩子才来的。

访谈者：刚来的时候住在哪里？

吴思琴：住在精河县老板爸爸的那个儿媳妇家。他们是卖瓜子的,说那里瓜子好卖,我就在他们家分了 10 公斤瓜子[①]。住七连桥[②]。我们两个人对坐,她烧完水端那个锅往暖瓶里面倒,那个锅耳朵端滑了,那一锅水就冲到我脚上面,满脚都是泡。我当时穿的旅游鞋,白的那种,那个袜子一脱下去——现在这里都还有一个疤。当时我就卖了一天瓜子。

访谈者:你们主要做过什么生意?

吴思琴:我们就是卖点瓜子、香烟,本钱小。再加上你没有大的本钱,开店、摆摊那些,或者在对面边贸市场[③]拿个柜台(都干不了)。拿个柜台搞批发要有大货[④],你没有大货,都是小货,人家要多了你还拿不出来。

访谈者:就卖了一天,然后脚就不行了?

吴思琴:嗯,烫了。烫了我还打着光脚给人家挑水。那个时候一个连队不是家家户户都有水管接到家的,集中在一个地方接水,(而且)天天只有那个时间来放水。她上街去卖东西了,我在家里脚痛,走不得,鞋子穿不得,打个光脚。那是二三月间的天

---

① 在岳永灿手稿中是分了 5 公斤瓜子,吴思琴的口述与丈夫有所出入。
② 2014 年 6 月 26 日,国务院行文《国务院关于同意新疆维吾尔自治区设立县级霍尔果斯市的批复》,主要行政区域包括原霍城县伊车嘎善乡和莫乎尔牧场、各兵团以及霍尔果斯口岸。七连桥,位于霍尔果斯市东侧,距离国门较远,吴思琴每天要往返十几千米到国门旁边做生意。
③ 指的就是 1992 年成立的边贸互市场。
④ 在霍尔果斯当地人口中,货物分为大货和小货,一般体积大的、数量多的被称为大货,体积小数量少的就是小货。

气，还冷得很，冰天雪地的，还下大雪。一锅开水全部弄在（脚）上面，然后十来天都没有好。当时你岳大爷还在红旗公司[①]，还没有过来，然后我又回红旗公司休息了一个月。所以阴历的二月（走），最后是四月才过来的，等于一个多月之后，脚好了才过来的。慢慢的，最后自己租房子了又好一点。后来我们在七连桥桥头租了个土房子，上面盖的是土的那种房子，那个房子便宜一点，（但）也不便宜，80块钱一个月。

访谈者：那期间都在做生意吗？

吴思琴：在霍尔果斯卖瓜子、打工。像秋天那时候就是掰苞米、割黄豆，再过一段时间就是削甜菜，甜菜削了冬天就没有活儿了。像现在8月份之后就是掰苞米了，苞米掰了，黄豆割完，好，就是削甜菜，甜菜削完就是10月份过后，就是大冬了，就没有活儿了。没有活儿了就出来卖瓜子，连队上有活儿的时候就去挣现钱。上（半）年就定苗。你知道吗？种的苞米苗苗多了就给它匀点，就叫作定苗，那个活儿也恼火。开春了就是定苗。秋天棉花都很少，我们一般都没有到远的地方去摘棉花，精河县那边我们都没去摘棉花。反正就是连队上有活儿，就去连队上干活儿，去挣钱，哪怕就是10块钱一天，20块钱一天；或者做计件，做计件就可以多挣一点。我们来霍尔果斯后，做生意是自己摸索。就是说哪里有活儿干，能够挣现钱就挣现钱；没有活儿干了，好，就

① 精河县唐老板所在的公司。

买点瓜子自己炒，提出去卖给国门上的那些车子。拉货的车全部集中在这里（国门）的出口，队排得很长。（我们）一家一家、一个一个去问，真是放不下那个脸。瓜子包成一包一包的，有5块钱一包的，有2块钱一包的，有1块钱一包的。1块钱一包的是（卖给）临时买来吃的人，那些司机他买过去，沿途那些人喜欢吃。

访谈者：当时就您跟大爷两个人卖？

吴思琴：嗯。当时我们已经搬到霍尔果斯市里了。我们是1994年8月份搬过来的，搬过来这边租房子110块一个月。你多住一天人家都要给你加钱，没有商量的。（我们）就卖点瓜子，卖点烟。

访谈者：当时您来的时候，老边贸老互市还有吗？

吴思琴：有，刚开。来的那年，那个时候边贸市场里面，你自己没有钱，没有货，进不去。柜台好多钱一年，租下来之后，你卖鞋卖什么东西要有货源，有货源你要有本钱。（所以）我们就在外面，一直都在国门那边摆摊，车子来了我就跟着走，你岳大爷就守着。我们1997年买了冰柜。就在仙桃酒店①门口（摆摊），那里有个舞厅，晚上卖到2点钟，就卖点冰棍和饮料。下午要6点钟才有生意，4点过、5点钟后他们人出来了，我们在外边就卖点冰棍挣点钱。当时钱不够，那个冰箱是1700块钱，我们借钱买的，剩了190块钱零钱。

---

① 霍尔果斯市内的酒店，位于卡拉苏河步行街上。

三、一家团聚

访谈者：小孩什么时候来的？

吴思琴：1996 年的春节，临到腊月间了，快过春节了来的。1997 年 7 月份才买的那个冰柜，我大丫头和儿子来了后就守冰柜。我大弟弟在无锡那里打工，他也把两个娃娃丢在家里，（老家里）又有我的三个，就有五个娃娃。我小弟弟、弟媳妇都在家，他们还有两个。我爸爸刚过世，我妈妈就带七个娃娃，真是顾不过来。

访谈者：那时候孩子他们多大了？过来的时候。

吴思琴：大丫头是 1981 年（出生）的，16 岁，儿子 14 岁多点，小的这个女儿 12 岁了。我妈妈送他们过来的。我妈妈是头年（1996）腊月送过来的，第二年（1997）阴历八月，也就是这个时节，八月二十几，我妈妈就回了。3 个娃娃就一直在这里。

访谈者：当时有了冰柜生意好一点了吗？

吴思琴：反正第一年没挣钱，买冰柜剩了 190 块钱，钱包都被人家偷了。然后（卖瓜子）又遇到 200 块钱假钱，现在假钱都还放在那里，我说做纪念。人越倒霉，什么事情都倒霉。2011 年换了个新的冰箱，一直卖到今年（2019）3 月份才没卖了。

访谈者：这中间国门小市场开始了吗？

吴思琴：小市场开始了。你岳大爷一直守着冰柜的。

国门小市场所在的第五代国门^①（作者摄于 2019 年）

---

① 霍尔果斯的国门经历了长期的变迁和演进，承载着通关运输功能的国门经历了 6
次蜕变，见证了霍尔果斯的发展。具体如下：第一代霍尔果斯的国门始建于 20
世纪 60 年代；1983 年，霍尔果斯口岸正式恢复开放，海关业务逐渐增长，国
门也随之经历了第一次"升级换代"，第二代国门和第三代国门不断扩建；20
世纪 90 年代初，随着国道 312 线的贯通，第三代国门拔地而起，国旗、国徽首
次在国门上"亮相"；1996 年，霍尔果斯建成了第四代国门，这是具有真正里
程碑意义上的大通道国门；2000 年以来，霍尔果斯进入新的发展时期，在第四
代国门基础上改扩建，形成了现在的第五代国门，位于合作中心附近；2018 年
9 月，宏伟壮观的第六代国门（也称之为"南国门"）正式启用，这对于加快我
国向西开放、推进"一带一路"建设步伐，促进"一带一路"沿线国家和地区
经济社会发展具有重大意义。

访谈者：是什么时候开了国门小市场的？

吴思琴：我们丫头 1999 年回去老家上的卫校。1998 年他们就有人（在国门）卖旅游产品，卖望远镜的，但是那个也要本钱，也还要有进货的地方，人家不会告诉你的。你拿人家的东西卖，就要把本钱押给人家，你就挣得非常少。我们就一直卖点烟、瓜子和饮料。有时候能够多卖点烟，可以挣 100 多块钱；不卖烟，卖点饮料就只挣得到几十块钱。大丫头上卫校上了 3 年。大丫头上卫校时小丫头就上高中了。

访谈者：当时她们户口过来了吗？

吴思琴：没有，都没过来。是在前年（2017），儿子的、大丫头的和我们孙子的户口迁过来了，现在小丫头的和我们的都还在老家。我们那时候反正一直都不顺，一直持续了很久。2005 年是我们小丫头上大学的第一年，2006 年我妈妈就生病了，那时候生意好点了。虽然生意好点，但是我身体不行了。长期在国门上，你看我们一年的 360 天不管刮再大的风、下再大的雪，我们天天都在那个国门上做生意，再冷再热也一样，哪怕就是初一，过春节了，也有上去玩的，也能卖点东西。哪怕几块钱、十几块钱，你也有收入。我们一直没有休息过，长期在国门上面。夏天很热，就打这么一个伞，有些司机接客人旅游，就是接外国人的，他们来了还坐在你凳子上（你也不能说他们），你不热情点人家不（买东西），你热情点人家有时候就买点你的水。（司机）他拉不到客人就坐在凳子上不走，我就站在冰柜那里，身子半边下午晒得摸都摸不得。最后解大便都解不出来，又要经常憋尿，就憋成尿道发炎了。那时候（国门）那上面是没有厕所的，解手就要跑到戈壁滩里面去，要不然得等到中午下班了，边检站那里面有厕所可以进去。那时候真是……最后我就跑着卖，跑着卖就自由，可以拿个车子推着。

四、开始有固定的摊位

访谈者：什么时候有推着的摊位的？

吴思琴：1999 年我丫头回去上学了，两千零几年我们就买了个位置，就在如今国门前的警卫厅附近。那个时候那个地方有好几棵大树，来来往往的车子往上走，集中在交叉口那里，我们每年就交点钱，在那个地方做生意。

访谈者：具体是几几年？

吴思琴：2004 年娃娃回家生我们孙子，2006 年我妈妈生病，（所以是）2006 年过后了。那时还没有国门小市场的房子，只是在树下面十字路口那个角落上摆个摊。有些在那里停留的车子可能会买我们的东西。有些司机和我们熟悉了，他知道我们在那里，他就在那里停下来，在我们那里买东西。还有一个情况，有时候（有特殊情况）不让过车的时候，车子完全堵在那里，那个地方人就集中了，我们生意就渐渐好了。生意好了之后，就有更多的人来做生意，卖东西。你岳大爷讲的，我们带贵人财。

访谈者：当时车子多吗？

吴思琴：嗯，因为全部只能从这（国门）一个口子出，那时候生意就慢慢的好点。经常堵车，堵车走不动的时候，司机天天要喝水，要抽烟，闲了着急了也要嗑瓜子，所以就能够多卖点。等到旅游季节来了，我们进点烟，能够卖点烟，生意就又可以了。旅游季节时，车子就停在现在修房子那个坝坝①里面，游客开的车就要从我们那个摊位旁边过，但是他们主要是上国门去买东西。有些司机说我们在国门那能挣钱些，在下面路口挣不了钱。（但是）我们争不过人家。当时位置不固定，别人看你生意好，第二天就把你位置抢占了。我们每天推着冰箱来回，干的是很笨的事情。

访谈者：后来干多久了才有固定摊位的？

吴思琴：2015 年，在公路上就让摆摊了，开始卖国门前的小木屋了。2016 年我们才买的小木屋，有了小木屋，我们才把冰柜固定在那，就不来回推了。但是我们现在又住在这里②来了，只能等饮料拉到楼底下，我们一箱一箱地背上来，在冰箱里面冻，冻

---

① 国门对面的一片低地，里面有大型的商场和立体停车场，2019 年依然在修建新的商业建筑。

② 吴思琴一家原来住的地方在国门小市场旁边，就在上文提到的国门对面的低地里。后来搬到了名为"四川酒家"的小区，七单元三楼，位于原边贸互市场对面，小区里面的楼房主体破旧，离国门较远。2019 年 10 月中旬我离开时，小区即将被拆迁，里面的住户已经全部搬离。

凉了又拿个包一包一包地背到国门上，放到小木屋的冰柜里面。

访谈者： 为什么呢？

吴思琴： 国门那儿没地方接电。所以我们批发的热饮料放在我们住的楼下面，再一箱一箱地背上来，背上来冻好了，又一包一包地背到国门上去。你挣什么钱？一天挣二三十块钱，一包只背得到十多瓶饮料，一共十七八瓶，每天早上我们一个（人）背一包去。中午再回家吃饭，我回家吃饭时，他又带一包来，就这样子。有时候下午看到冰柜里没有几个（饮料）了，又回家背，背去可能又卖不掉。（如果）饮料热了，又背回家。这就是我们做的笨事情。今年（2019）3 月 20 号国门不让摆摊了，你岳大爷还要卖饮料，我讲我今年不卖了，最后就没有卖了。

访谈者： 2016 年后一直都是这么背水吗？

吴思琴： 不是。以前住得离国门近，那个时候冰柜可以推过去，2016 年 8 月后搬到了这儿，现在住的地方远，才来回背。我们原本想推到这楼底下来插电，省得再背上楼，但是夏天正是放假的时候，娃娃多，害怕（娃娃）被电到了，所以说就往楼上背，安全。虽然自己累，但是不惹事。如果把电线弄下去，那个插板露在外面，遇到娃娃去碰电线，万一伤到了，你还要赔人家钱。

访谈者： 国门小市场没有之后，您为什么没有想去别的地方摆个小摊？

吴思琴： 我们儿子在合作中心的商场里面，在门口的位置有

2018 年 4 月的国门小市场，现在改成了停车场①

---

① 引自刘玺鸿：《边界"组装"——新疆霍尔果斯的边界人类学考察》，硕士学位
　　论文，中央民族大学，2018 年，第 69 页。

（店铺），我开始也想拿一个，最后我们儿子说算了，那么大岁数了，就休息吧。所以我就跟我们丫头看店，但是经常在店里面打瞌睡，人家买了些什么我都不知道。看了几天又没卖东西，我们丫头说算了，她还是雇一个人。就雇了个丫头，在东北上学的，假期就刚好给她干了一个月。

访谈者：当时你们一家人都在国门小市场吗？

吴思琴：没有，就是国门那个小木屋摊子，我们有一个，我儿子有一个，我女婿有一个。大丫头家那个，去年（2018）3万块钱卖掉了。我们那个没有卖。儿子那个是前年（2017），（小）丫头过来，就连货一起给她了，那个摊子当时可以卖4万，加货就是6万块钱。当时我儿子没有要她的钱，就是说可以让她有一个地方住。前两年她的身体也不好，也没有挣到钱，也刚学做生意。去年（2018）冬天，（小女儿）把他的货钱带那个柜柜一共6万块钱，给了（儿子）5万，还欠他1万块。我那个（小木屋），本来去年4万可能卖得掉，但当时我们儿子说，那个位置能卖5万多。我们就想到这里离家那么近，管它几万块钱，坐在那里一天能赚30块、50块，天天有收入，如果把那（木屋）以几万块钱卖了，最后钱还不是就花掉了。结果今年突然被拆掉，一分钱都没有拿到。应该早点儿卖掉的，我们女婿那个卖了3万块钱。

访谈者：就落下了3万块钱？

吴思琴：他也拿不到3万。当时买那个小木屋就花了1万块钱，去年（2018）又给我们建铁皮房，补了1000块钱建那个铁皮房子。前年（2017）冬天开始建的，建了一个冬天，我们一个冬天没有做成生意，到去年3月份之后才做成，等于基本上半年没有做成生意。那1000块钱花了之后，在里面做柜台又花了5000多块，那就是六七千了，加以前的1万，将近2万块钱折腾进去了。最后卖3万块，赚到1万。我们没有卖，我们一分钱都没有得到。像我们现在，反正就是说生活没有问题，存钱是没有的。

访谈者：每天就刚够生活？

吴思琴：嗯。吃的药还不算，今年一开春，你岳大爷就花了1万多块。

访谈者：岳大爷现在还天天吃药吗？

吴思琴：天天吃。你看他的那些药盒有一大包。缺铁性贫血。他每天早晨喝一碗稀饭，吃一颗鸡蛋，整几块肉。中午他有时候吃鸡蛋，有时候不吃鸡蛋，医生说鸡蛋吃多了不好。他每天就吃稀饭，稀饭吃了3年了。

访谈者：现在好些了吗？

吴思琴：对，（他）现在好了，但（我）自己也动不了了。我这段时间腿肚转筋，钙片都吃了两瓶了，但是吃了不管用。我以前腿转筋吃上几天就好了，今年我连着吃两瓶了，都还是不行。洗个碗，做个什么，手扯得这样揪起来。所以我长期都没有做饭或者做什么家务，因为（手）碰了水就不行。我现在还比那两年好些了，我 2008 年腰痛，现在一直在吃药，那两年胃也不行。

五、三次重新开始

访谈者：您这房子是不是要到期了？

吴思琴：嗯，2016 年 8 月 5 号开始租的，2017 年 8 月 5 号、2018 年 8 月 5 号，两年了，本来今年 8 月 5 号（到期）。去年（2018）8 月 5 号之后，这些娃娃就说，喊我们另外搬，我们也没有搬。他们去年就计划给我们另外买房住，结果最后也没买成，就让我们续了两个月。所以（2018）从 8 月份就续到 10 月份，只交了两个月的房租，就是说如果两个月之后孩子他们能够把房子买了，我们就搬走。结果两个月到了，孩子他们钱不到位，也没有合适的房子，就没有买。所以又从去年 10 月续到今年 10 月。

访谈者：又续了一年？

吴思琴：所以多出来的两个月就在这里，（孩子）他们的意思是不租，租房子划不来，要买房子，但是买房子的钱不到位，也没有那么合适的。今年就恰恰遇到那里的二手房，价格比较便宜。

访谈者：那房子您看了吗？

吴思琴：还没看。儿子说里面什么都有，东西齐全得很，叫我们家里头什么东西都不要拿过去，人过去就行。刚刚好就碰上

这么合适的房子。新房太贵了，老年人住划不来。这个房子^①一共
10 万，就在公安局旁边的小区里，干干净净，前面就是公园，环
境好，空气好，隔音也比这里好多了。顺利的话做什么东西都要
顺一点，不顺的话怎么都不顺。

访谈者：以后会顺，顺顺利利的。

吴思琴：就是这两年要好一点了。我现在最愁的就是（小女
儿）生病治不好，能治好还可以，能治好就花点钱。她自己压力
也大，我们也没有办法，帮不到她。哪怕工作差一点，收入少一
点，身体好就好，对不对？

访谈者：您觉得现在过得好吗？

吴思琴：2006 年我妈妈过世了。那年 9 月 4 号接到电话，说
我妈妈在家里已经昏迷过去了，我们 9 月 9 号才到家，（妈妈）是
12 月几号过世的。我们回来（霍尔果斯）就带了我们小孙子。我
们把这里什么都卖了，就冰柜里面还剩了十几瓶水，什么都没有
了，又白手起家。（现在）好多了，就是身体不行了，长期便秘。
我们丫头 2009 年回家（四川）上的学，我一直在（国门）上面摆
摊，一站就是一天，在冰柜旁边，再热再冷都是这样，然后就解
不出手。我一直都要吃"三清"，它可以通便，清热解毒，长期吃

---

① 这个房子是二儿子为老两口购置的。虽然是二手房，但位置很好，在霍尔果斯
市"中心绿地"公园对面，房子宽敞明亮，非常舒适。2019 年 10 月 8 号左右，
吴思琴两人和他们的小女儿搬到了新家。

就要好一点，这个药倒是不贵。

访谈者：2006 年那时候，妈妈去世的吗？

吴思琴：嗯，2006 年的冬天，什么都搞光了，没有了，我妈妈生病了，这些东西全部卖掉回家了。

访谈者：2006 年又重新开始？

吴思琴：嗯，又出来（到霍尔果斯）。出来还带个小孙子在身边，一带就带到九岁，带了七年。儿子、儿媳妇都没回家，他们在苏州，孙子最后在这儿还上了两年学。今年我们又搞回到以前了，摊子没有了，剩点货卖不出去。真是，我讲的，人以前就是脾气急了，现在的心啊，也就平静了。

访谈者：嗯，慢慢会好的，很晚了，今天就到这，您早点休息。非常感谢您今天的招待。

| 访谈者后记 |

2019 年的中秋节，我在离家数千千米的霍尔果斯度过，吴阿姨非常暖心地为我在团圆的桌子上留了一个位置，让我更加贴近西北边地的生活。室内灯光很暗，家中堆积着从国门小市场带回的还未处理的货物，敞开的窗户外是远远的亚欧大陆街道上亮着的彩灯。这是一场借着美好节日氛围的访谈，我极力用温和而自然的方式引导吴阿姨回顾她前半生的故事，虽然中途在提及艰苦

作者吴俊杰与吴阿姨，2019 年 10 月，摄于吴阿姨的新家

合作中心内造型独特的蒙古包商铺，吴阿姨的女儿在这里开店

岁月时吴阿姨几度哽咽，但她仍继续完成了此番对话。岳大爷安安静静地坐在一旁看电视，一直陪着我们结束谈话。我离开的时候已经是夜晚，书包里被装上了一些瓶装绿茶、鸭蛋和月饼，吴阿姨打着手电筒送我回宾馆。这让我想起 7 月 17 日那个晚上第一次和吴阿姨相见的场景——在卡拉苏河旁边，拎着两大兜凉菜的吴阿姨从街头走向我的位置。她带着热情的笑，用四川话打招呼，声音爽朗，从宾馆接我到她家中做客，饭后打着手电筒送我回去。

十月中旬，吴阿姨已经搬到了儿子为他们购买的二手房里，而岳大爷在搬家后不久就因为十二指肠穿孔住进了医院。我去看望他的时候，他已经出院了，由儿女轮流开车从伊犁接回来。我陪躺在床上的岳大爷聊了一会，便由着吴阿姨带我参观新家，听她开心地给我介绍每个房间的功能。他们的儿子上上下下，不断将家具抬上楼。院子里的保安大叔和吴阿姨商量着买她的冰箱，那冰箱就堆在墙角，是他们原来在国门小市场卖东西时用了很久的吃饭的家伙。我将于当天下午晚些时候坐车离开霍尔果斯，吴阿姨将我送到小区门口，把提着的一袋子鸭蛋交给我，嘱咐我路上吃。我与吴阿姨挥手道别，远远地看见她走进小区的背影，明亮的环境仿佛在预示着慢慢好起来的生活。

我回到北京后给吴阿姨打了电话，阿姨告诉我她正在和岳大爷看电视，他们的女儿已经休息。我问岳大爷身体如何，吴阿姨说他已经去医院拆过线，过一段时间去伊宁复查，已经没有大碍。

　　她将电话给了大爷，我便同他说了两句话，隔着电话我们彼此听不明白，只是始终在笑。挂电话前吴阿姨告诉我家里很快就可以通暖气了，这个冬天将不会太冷。

　　西北地区供暖开始于十月份，与内地城市相比较早。自2017年开始，霍尔果斯市已启动"霍尔果斯市换热站技改升级优化合并及换热站供热远程控制、二级管网改造项目"，主要建设任务是建设城区、合作区、配套区的二级管网及换热站，整合原有不达标的换热站，最终达到远程控制和无人值守，达到降低安全隐患、节约能源、保护环境的目的，以便确保冬季正常供暖，保障民生。①根据霍尔果斯2019年"五大民生工程"的完成情况公示，全市已完成天然气入户安装1500户，完成率100%。除此之外，住房保障工程项目里已竣工安居富民房180户，竣工率100%，408套保障性住房目前正在加快推进，为当地居民的购房提供了保障。②在当地政府的多重保障下，吴思琴他们的生活质量也在稳步提高。

---

① 《关于切实解决城市供暖的建议》，新疆霍尔果斯市人民政府官网，索引号h001-10_B/2018-1210001；《霍尔果斯市换热站技改升级优化合并及换热站供热远程控制、二级管网改造项目竣工信息》，新疆霍尔果斯市人民政府官网，索引号zfb-10_B/2019-1206002。

② 《关于对霍尔果斯市2019年"五大民生工程"完成情况的公示》，新疆霍尔果斯市人民政府官网，索引号h001-30/2019-1125003。

二、我最苦的那九年是在果园里种果树

——童凤琴口述："过日子往前走就像闭着眼摸黑路"

时　间：2019 年 9 月 9 日

地　点：新疆霍尔果斯，名人港湾小区，一单元，四楼

访谈者：吴俊杰

在场者：高云祥（童凤琴丈夫）

| 访谈者按 |

童凤琴 1954 年出生，高云祥 1947 年出生，二人祖籍均为河南周口。20 世纪 90 年代，他们一家人已经在新疆新源县落户。2012 年，夫妻二人用自己开果园赚的十几万元在霍尔果斯市里买了一间套房，位于霍尔果斯南侧的入口处。2015 年起，他们在霍尔果斯常住。两人育有 4 个孩子，发展都不错，唯一的女儿在霍城县工作，能够时常回来看望父母。

1973 年，高云祥初次到达新疆。1978 年底高云祥回老家河南与童凤琴结婚，年后童凤琴随丈夫返程，直至今日，两

人共同在霍尔果斯及周边地区生活了 40 多年。1993 年，他们在新源县种的上百亩地遭受到了严重的自然灾害，在新疆十多年的积蓄亏损一空。1993 年至 2002 年，是童凤琴回忆中最为艰难的岁月，他们在兵团承包的果树生病被砍，没有任何收入，一家人的生活十分潦倒。2005 年至 2015 年间，高云祥在霍尔果斯旁的山林里买了果园，通过 10 年辛苦劳作，他们终于有了一些收入，并用此在霍尔果斯市购房，生活逐渐步入正轨。

高云祥和童凤琴夫妇的生活态度乐观，为人处事热情豪爽，性格独立。因为高云祥患有心脏病，童凤琴有高血压，两人平日里在家中不能久待。2015 年卖掉果园后，夫妻俩开始在中哈霍尔果斯国际边境合作中心里做生意。前期在国门旁推着小车卖东西，2017 年在合作中心哈方的商场里开店，之后因为精力不够而选择关店继续在国门附近做些小生意，既锻炼身体，又挣一些零花钱，这些钱使他们生活自足。平日里，高云祥和童凤琴夫妇仍然往返于霍尔果斯和周边的兵团，那里的每一片土地都承载着他们的故事和回忆。我将与他们的访谈按时间顺序分为四部分，基本涵盖了他们在新疆的经历。从新源县到兵团，从兵团到天山脚下，最后停在霍尔果斯，他们一路走来，生命历程丰富而精彩。在将近半个世纪的时光里，高云祥和童凤琴夫妇的足迹遍布西北，走过沧桑岁月，和霍尔果斯这座城市一起慢慢地好起来。

童凤琴夫妇的家乡并非不能满足他们的基本生活需求，但是他们勇敢地踏足一片未知的土地，他们身上所体现的坚韧勇敢以及对美好生活的向往和追求，是我选择将他们的访谈内容列入本书的原因之一，他们展现了一种积极昂扬的生活态度，这是参与中国建设中所有人的精神品质——向阳而生，寻求黎明。此外，童凤琴夫妇经历了"人民公社""改革开放"与"土地改革"等不同的历史阶段，他们的个人体验也在一定程度上体现了整个社会的走向，而这一走向无疑是正面的。我希望通过他们的口述，传达向往美好生活的勇气。

一、初到新疆

访谈者：你们是什么时候到的新疆？

童凤琴：他（高云祥）是 1973 年过来的，他来了 6 年之后，我是 1979 年他回去接过来的。那时候老家能吃饱饭，但是经济上还是（不行），都盼着更好的日子，所以就过来了。

访谈者：您跟大爷啥时候结的婚啊？

童凤琴：1979 年啊。他是 1978 年底回去的嘛，咱老家都说冬天里回去嘛，我们正月二十六结的婚。结了婚，搁家里四天吧，就上新疆来了，那个时候还在新疆新源那边。1979年在新源一直种地，到了1993年，种了100多亩地，将近200亩地。有那个亚麻，红麻你知道吗？红麻和亚麻长得一模一样的，只是红麻长得低，杆子用来榨油吃，亚麻长一人深，那是做衣服织布的。种了有几十亩地葵花，几十亩地甜菜，可能还有个百十亩地亚麻，可能加起来两百亩地吧。1993年正值下雨，一下子下了一个多月，黑了（夜里）不下白了（白天）下，白了不下黑了下，下得那个葵花越长越高，结的头小小的，大风一来"哗哗"跟镰刀削的一样，全断了。刚开了花没多少，还没成熟都断了，就都赔了。只有甜菜赚了一点，拉抹平了。甜菜种了有20亩地。还有百十亩地亚麻全部给拉掉（砍掉），等收亚麻的人到地里都烂完了，挑那没死的叫人家拔，拔了一点拉到亚麻厂卖了。本来是2块钱1公斤，最后卖了2毛钱1公斤。卖的钱刚好够人家的车费，连叫人家拔的工钱都没有。那一年全部赔了，200亩的全部赔了，可以说是省吃俭用十来年的家产那一年都亏进去了。那个年代跟现在不一样啊，那个年代谁要是有万把块钱、两万块钱那就叫"万元户"。

访谈者：当时您已经是"万元户"了，是吗？

童凤琴：嗯。那时候亏进去了。赶上霍尔果斯开放了，我就上霍尔果斯了。

访谈者：当时是为什么在新源种地啊？

童凤琴：那时候跟你大爷都是种地。七几年那个年代，农村里到城市去不可能做别的，不像这会儿开放了谁想上哪上哪儿。新源七几年就去了，你大爷在那落户，那都是单身小伙子，去了就是让他种地。

访谈者：大爷来的时候，是有认识的人在这边吗，还是自己闯过来的呀？

童凤琴：都是一个庄的，老乡啊亲戚朋友一起。那个时候，其实老家都吃饱饭了，就是还是钱少，我们想过得更好，就过来了。但是来到这里发现新疆跟口里在吃、穿、住上面都不太一样。

访谈者：当时您那个地是包的吗？

童凤琴：那个地是包的。我们自己的地一个人才合到一亩，还都是本队上的地，户口在队上不就有地嘛。

访谈者：大爷户口在这边吗？

童凤琴：他在新源。那时候来的是一个单身汉，民政大队给他发配到一个汉中队。那时候一个人几十亩地，一百口子还是八十口子成立一个队，地给的也不少。可是这一成家呢，接了媳妇过去，那时候还没计划生育，一家都是三四个、四五个孩子，每个人的地越来越少了。还有后来来的，公社里的，来这都落到队上，扯家带口的，越落越多，最后，好了，（人均）一亩地。

访谈者：当时还是公社大队吗？

童凤琴：嗯，吃大锅饭，八几年才分的小组。你看我 1993 年上这来，那个时候把地都分给个人了。第一次分地是 1983 年，第二次 1984 年，1985 年第 3 次分地，俺第 4 个孩子就是 1985 年出生的。

访谈者：您现在有几个孩子，四个孩子？

童凤琴：四个。三个儿子，两个大的是儿子，丫头是老三，还有一个小儿子。就这个小儿子在霍尔果斯物流上（班）。丫头在霍城，她是大学毕业的，考公务员考去的。二儿子考空军大学考上了，考到武汉，上了之后分配到哈尔滨去，他说这几年要退伍呢，现在他是团级的。老大在伊犁干个体呢，我是 1979 年来的，1980 年有的老大。

访谈者：当时租了几百亩地贵吗？

童凤琴：那时候的地几十块钱一亩，但多了就受不了了。1993 年那一年种了有一百亩地的亚麻，几十亩地的葵花，几十亩地的甜菜，那一年亏了不少。那年亏了地皮费、人工费，就卖了一点钱。那年地里亏完了，就收了那一点亚麻，给的两毛钱 1 斤，够人家车费，人工费、种子费，啥都没剩，老底都亏进去了。

二、种果树的二十年

访谈者：您是什么时候到的霍尔果斯？

童凤琴：1993 年上霍尔果斯来的。1993 年秋后在现在这个地方开旅社①，（旅社）那个地方现在扒掉了。包了旅社之后，人流量忽高忽低，生意不正常，干了一年不干了。1993年年底来的，到了1994年的年底，你大爷跑到那包了果园。

访谈者： 跑到哪儿呀？

童凤琴： 就是到连队里。我们包了果园不干（旅社）了，第二年底了，过了年回家，连家都搬到连队了。当初跟你大爷还吵架了，我说不让弄果园，他说弄果园再过几年果都结起来就行了，做生意不行，生意忽高忽低的。我们一弄弄了几年，后来受灾了。头一开始我们去的时候，人家栽了两年的树苗，就在那里长着，还缺苗，都是一些草，人都跑了不干了，你大爷接手包了。开始来了之后的那一个冬天（1994），那个草长得一人深，就割了，在里边栽树苗。到2002年，树死了。那时候树长9年了，树长这么粗了，头一年挂果，还卖了两万多块钱，高兴得跟啥似的。后来树死了，那树空里种庄稼也种不成啥，我们欠的地租费，还养四个孩子——连队里年年多少交个几千块钱地租，虽然能卖个万儿八千的，但是技工费除除，水费除除，再买买肥料上上这个地，最后这小孩上学都没有钱了。苦的啊，说实话，孩子都没有饭吃没衣裳穿，那时四个娃都在兵团里上学。

---

① 他们现在居住的小区叫作"名人港湾"，在霍尔果斯市南侧，仍然属于兵团的房产。1993年他们初来新疆时，在现在居住的小区北面五十米远的路边开旅社，当时他们旅社最贵的房价是一夜20元。

访谈者： 种的啥树呀？

童凤琴： 苹果树。2002 年到最后了，都是 11 月底了，天气猛一冷，好了，树不行了。它们就像人一样感冒了，那个树皮支棱一块一块的。团里专家来看了之后，说这树也别指望了，砍掉吧。就像人得癌症一样治不好了，一刮那个树皮里边都黑了。

访谈者： 当时种了多少亩啊？

童凤琴： 40 亩。我跟他熬了那么多年了，别说咱家来之前没有带啥，就是有点家产，这么多年也都熬干了吧。不说种果树上赔了多少，就光一家人生活，这几个孩子上学，说实话都穷得家里啥都没有了，没有衣裳穿了。户口又不在兵团，团里专家让（把树）全砍掉，不砍也不行，只能砍掉。去的时候树都在那，有的还缺苗，我们又补的树，树长到这么粗了，挂果了，你说……哎呀，就感觉整天跟做梦一样。老大来的时候才十来岁，后来都该上大学了，但是没有钱啊。老大上到高二要高考了，他爸爸说辍学下来吧，就是考上也没钱，没办法，强制让老大下来了，他下来后高三就没有上。这老二呢，就差一岁嘛，他（大哥）一下来，这老二不愿意，他要上学。你大爷（跟老二）说，你哥哥下来了，咱家没有钱，考上你也上不了。后来老二还是在上学，他成绩好。那时候还要跨区费，他户口不是不在这嘛，要跨区费。俺们没有钱，上高中之后，在兵团这边刚开学了三天，伊犁的三中，最有名的最好的学校，说跨区费给你免掉。所以他考了个大学。老大辍学下来后，丫头考到北京大学没钱上，没钱上咋弄？不上了。咱说没有钱了跟谁借去？凑个一万两万还能凑，但那时候穷成那样了，多少年没收入了，亲戚朋友都怕你了。

访谈者：当时兵团有亲戚朋友吗？

童凤琴：有老乡。但是后来以前走得可好的亲戚都躲着你走了，你穷了呗。以前的好朋友也躲着你走，这说的是实话。人穷了人家躲着你走呀，你借钱都借不到。那时候外来的都穷，也不是一家穷。我们熬果园熬了将近10年了，当地人有户口，我们跟他们也说不上话，因为我们没有当地户口。

访谈者：那其他人都有兵团户口吗？

童凤琴：他有户口呀。他们是以前来的。

高云祥：他们爹娘来得早，他们来得早的有户口。

童凤琴：（钱）借都借不来，尤其是我们外来的这种。我们种人家的地，包果园的在他们眼里就是外来户。

访谈者：当时包一亩地多少钱？

高云祥：一亩地一年200来块钱。200多块钱一年交清，但是地里不产东西，你能不欠着他的账吗？欠着别人的账，干很多事情都不方便，要一直想着还钱。

童凤琴：求人家求的，我说全家都跟人家低三下四的。到后来不种果树了，那地里的都砍掉了，砍掉后我们又在那地里种了两年其他作物。2005 年，你大爷又跑到山里边，天山脚下 ① 的地，那里有几百亩果园。前主人也是（受灾），没砍完就跑掉了，（我们）又去买的，搁那又买了二十亩果园嘛。原来的果园主熬了十来年了，没有效益，人都熬走了，他也就卖了，俺又借的钱（买的），在（山）上边又干了十来年。

高云祥：十来年，干不动了。

童凤琴：干不动了，你大爷就病了，他又得了个心脏病，动手术了，在乌鲁木齐做心脏搭桥，花了十来万把命救回来了。后来光我一个人，打药干啥的，我自己干了两年干不成。最后小孩都大了，都毕业了参加工作了，咱就不干了。弄不成啊，管理不好就不见效益。

访谈者：后来把果园卖掉了吗？

高云祥：2015 年卖的，干不动了。2015 年之前小孩都还没成家呢，你说你能不干吗？甭管挣钱不挣钱，得干。但到 2015 年实在干不动了。

访谈者：大爷身体也是那一年不好的？

高云祥：2011 年，动了个手术。

童凤琴：后来又种了几年，他也不能干了，我一个人干不成了，又舍不得卖果园，最后我自己搞不上去了，没办法了，一咬

---

① 　地处天山西部北坡山区，位于祖国西部的伊犁河谷，高云祥和童凤琴夫妇买的的果园就在天山脚下。

牙卖了吧，找了个老乡就给卖了，卖掉了在这买的房子。这房子2012年买的，那一年收了点果子，攒了一点钱了，最后买了个房子，然后搬过来了。

三、关于霍尔果斯

访谈者：当时您来的时候有没有老边贸？

高云祥：我2005年中间来过，老边贸在那边呢，行政大厅附近。那一年刚开始，我弄了一车酒，夜里回来天明就卖掉了，但是没赚钱。

访谈者：然后都没有再干别的了吗？

高云祥：还干啥现在？这两年就是天天去合作区做点小生意。

访谈者：您啥时候开始去合作区做生意的？

童凤琴：前年，2016年、2017年。起先在合作中心外卖东西，后来拿了点钱租了个地下室的店铺，卖烟酒和外国的特产。2017年开始干了一年多，我不识字，你大爷身体不好，就开不下去了，店面转手给了别人，我们就还在外面做点小生意。因为那两年开店，跟里面的人关系都很熟，有啥活儿能干的我们也就干了。不管挣多少吧，一是锻炼身体，二是多少挣一点。你看我和你大爷，咱也不是单位上的人，也没有退休金，只有国家一个月给咱100多块钱。

访谈者：你们是九几年来霍尔果斯，当时这边是啥情况呀？

高云祥：那时候哪有楼房呀，都是土坯房，也没啥宾馆，一片戈壁滩。连菜市场都没有，那时候哪有路？只有大土包子，一高一低一高一低，都是土路。

访谈者：那这十几年变化大不大？

高云祥：现在变化大得很了。

童凤琴：我丫头去年说，妈，怎么这两年变化这么大呀？啥时候弄得这么好啊？路修得好好的，啥都弄得好好的，以前不是。这里土名叫卡子，现在实际叫霍尔果斯，我们叫口岸，它的北面叫卡子。过去卡子就是一个小路，拦个杆子，外国人不叫过来，这边人不叫过去。现在热闹了，去年（2018）人也多，但是（原来）生意不行，说没有人就没有人了。

高云祥：2004年那一年，3月29号闭的关。一闭关就是三个月，闭关不开关，这里哪有人呢？人家做生意的不可能等你半年，等到8月底才开关。那个时候闭关，一闭最少就是三个月、半年。做生意的人，开了门做生意能挣钱，可是一闭关了，不叫开了，人都走了。

童凤琴：那时外国人来的也多。那个时候外国人来这也不讲价钱，说多少就是多少。它要真的一直开着就好，一说闭关了，闭上一月半月人家能受得了，一闭半年，最少三四个月，人家就走了，等开关了再来。好多人都赚钱了，好多人也赔了，有的做

霍尔果斯市所有的街道都宽敞整洁

口岸设立了拍照立牌。游客可以为到达连霍高速终点拍照留念

生意不行了，赊来赊去现在不见人了，多少万多少万，垮了就都回老家了，哪来的回哪去。

访谈者： 像您平时闲了，您会去旁边公园散散步啥的吧？

童凤琴： 有时间跑出去到那（小区）前边，跟他们一起跑步玩，这几天没出去，我嫌冷了。今儿个，丫头还说我咋不出去，天天窝到那个地方，让我下去转转。我说不去。楼底下有跳广场舞的，但是我不会跳舞。你看我从出生一直都是（农民），只要长大都是种地的，没有打下那个基础也没那个闲心。别人天天跳舞，他们拽着我，我说我不会，我说你们跳这个腿我跳那个腿，你举这个胳膊我举那个胳膊，跟不上。

访谈者：您觉得现在生活好吗？

童凤琴：还可以。虽然我没有退休金，（但）能动，天天还挣点，一天挣个几十块钱，够吃够花，说不准一个月还能攒个几百块钱上千块钱，不找小孩要钱了。没有工作的人都想跑霍尔果斯这来挣大钱，如果说一天挣几十块钱，照农家来说还是不错呢。

访谈者：2013 年的时候，不是提出"一带一路"吗，不知道你们听说过没有？

童凤琴：不知道具体内容，反正我们过得比以前强多了，比以前好多了。不管咋说，不管是钱上头，还是生活上头都不错，房子也有了，不像以前都在那山里边住着。我这样就过得满足了。我上合作中心那边做生意，一个月能挣个 1000 多块钱，1000 多块钱够生活了，是不是？不是说能生活多好，千把块钱一个人够了。

访谈者：嗯，您觉得在这边生活还习惯吗？

童凤琴：我在这儿生活习惯，回老家不习惯了。回老家，冬天就冷，夏天热，夏天热得受不了，冬天冻得受不了。现在条件好了，如果搁城市里买个楼房，房子用点电暖气还好一点。但是像农村里回去盖的房子，看着房子盖得可好，高高的尖房，（但）弄的窗户透风，连个玻璃框都不粘。

访谈者：您最辛苦的那段时间是啥时候？

童凤琴：最辛苦、最艰难的就是在团里种那个果园，熬了9年，没有收入，孩子还在上学。娃娃来的时候，这个小的儿子才9岁，丫头11岁，就大他一岁半不到两岁。刚来时树跟手指头一样，一直熬到（树）跟手腕一样，最后却死了。10年没收入啥概念啊？

访谈者：那当时咋振奋起来了，想到出来了？

童凤琴：那没办法，我就是不想再在农村里待着了。我记得当时跟你大爷说想拐回来做生意，但又一想，10年后那熟人也都东的东西的西，都不认识了。有的上（前）苏联了，有的回老家了，有的不干了，很少在这个地方，那时候没有电话没有手机，联系不上了。我们想做生意又不会，也没钱，后来借的高利贷上山脚那买的果园，我们上山里边，又熬了10年。10年又10年，我们在地里边熬了将近20年。到山里边去倒是没有赔钱，借了一万多块钱，当年本钱就赚回来了。不知道熬了几年，没挣多少钱，那果园是买的，买的时候万把块钱，到走的时候卖十几万，等于说是还赚点钱呢。就这样，辛辛苦苦的，娃娃上（学）的上来了，上不上来就不上了，就这样了，他们都大了。

访谈者：现在生活好吗，幸福吗？

童凤琴：现在怎么说呢，反正是比上不足比下有余。跟人家生活水平差的比，咱还比人家强一点，比人家好的就还差一点。可是没办法啊，像我和你大爷这一代就这样的情况这样的条件了，你说咱又没给娃娃啥东西，咱也没啥东西，靠娃娃他自己去干、拼搏，就这样了。小孩很争气，我们小孩上学的时候，全连里都说我们家小孩好，我说穷人家的孩子早当家。他知道懂事，他知道父母没本事，他知道如果想要过得去，（只能）他自己去拼搏。

访谈者：是老家生活容易一点，还是这边容易点？总体而言。

童凤琴：这咋说呢，你要说前几年还是口里①好点，为啥口里过得好一点呢？（因为）口里有老一辈给你留下的家产，慢慢慢慢地基本什么都有了。我们来（新疆）就是一个空房子。过几年有了小孩，再过十来年才赚了一点钱，就好像走着走着扑腾一下子跳到坑里去了，没人拉你，全靠自己，但是自己也没实力，就这样扑扑腾腾过了这些年。其实老家过得也都挺好，俺好像感觉自己跟逃荒的一样，回不去了。俺现在在这过习惯了，也能过了，小孩都在这土生土长的，他们也习惯了，不回去了，就这样吧。小孩大学毕业各有各的工作，他们成家、事业，有顺心有不顺心的吧，这个不是按你心里想象的去安排的，顺其自然吧。

访谈者：您觉得现在生活有还需要改进的吗，整个霍尔果斯？

童凤琴：这个咋说，霍尔果斯如果想发展，必须要国家支持。国家要发展必须叫霍尔果斯建上工厂，要当地老百姓有工作，是不是？你看看，当地老百姓，一百个人里边只有一两个是年轻人，是大学毕业的，有工作的。其他人文凭也没有，都是老百姓，啥

———

① 当地人把新疆以外的地方称为"口里"或"口内"。

工作都没有。霍尔果斯想要搞好，必须要国家支持、想办法。

访谈者：那为啥还有很多人要过来呢？

童凤琴：这都是口里人呗。老家想过来的都不是在老家做生意的，也不是啥富的，都是老百姓，搁家里种地，种那二亩地他不够吃，就出来打工。但是上工地上他也没技术也没啥长处的，像霍尔果斯搞建设搞得少得很，也不要工人，种地都是有季节性的，忙起来了要几个人去给他干活，干了之后，一年365天剩下的时间他干啥去呀？所以这些外来的人就在这里做做小生意卖点东西。像口里人来了这里，他得租房子，他要吃要花；像这年轻的，30来岁的，家里小孩有上着学的，有老的有小的，靠他出来打工挣点钱，家里还有盖房子的、有供小孩上大学的。他出来都是抱着自己希望的，别管挣多少钱，他要干活呐，谁不是那样？

四、童凤琴的期待

访谈者：您对未来有什么希望没有？

童凤琴：我希望能把小孩的户口弄过来（霍尔果斯），不知道能不能行。等于说这是个家，你户口在这个地方，干什么事都方便。我现在的户口在新源，你像有点啥事就要来回跑。如果说咱户口要迁过来了，给不给低保，那都不要紧了，迁过来干啥都方便了，不来回跑了。

访谈者：能拥有霍尔果斯户口的人都是些啥人？都是几十年前就来这了吗？

童凤琴：不是。有一年集中落户，那好像是 1997 年，那年大量收人。当时说给你大爷落，最后你大爷不愿意。我们在兵团那苦了十来年，又跑到果园里，那穷底子已经铺上了，你再想翻身就很难翻动呢，一折腾就一二十年，穷了 20 年。

访谈者：折腾出来了吗？

童凤琴：算是吧，因为没负担了，谁也不跟我要钱了。这就是一生，来新疆的时候我年纪轻轻，40 岁，现在出来 60 岁了，落了一头白头发。开始紧穷十来年，后来还得十来年往上翻身，这一生穷了 20 年。那时候，头几年出来想干啥手里也没有钱，你也干不成啥，你想借也借不来，要是穷啊，（旁人）都躲了，走路都躲着你。人家为啥说"穷在大街无人记，富在深山有远亲"？就是这样的。现在我不欠着人家的，也不该（欠）着人家的，谁也不找我要账。我现在也不是说离了谁不能过，难的时候求着谁办啥事之类的，如今没有那个压力了。小孩穷吧富吧，他过他的，我们也帮不上了。虽然总感觉着吧，我们的孩子，跟我心里的预期差得还很远很远，没有达到我心里理想的样子。但是话又说回来，谁能想干啥就干啥那么如意啊？

访谈者：当时您还带着理想过来的？

童凤琴：怎么说呢，理想着能过好日子。但娃娃上学，成家，都不是想象中最高的。比着人家那穷得很的过得强点，但是跟人家那好的比，谈不上，我们差远了。你看人家身价几千万几亿，咱跟人家差得远。我就跟小孩说，我说我从那山沟里土路上把你送到柏油路上了，你把你们下一代送到高速，再下一代再下下一代上太空去，那是你的事了。我说，我就是那本事了。我出生那个年代都吃不上饭，我的父母亲还不如我这一代呢，那个年代苦得很，他们没叫我上学，他们穷啊，如果富了能不让你上学吗？我感觉对待这几个孩子、对待这个家就这点本事，我也没上过一天学，一直都生在农村长在农村。我们那个年代（的人），但凡年轻的，能挣钱的，我们都拼死拼活地（干活儿），挣多挣少供这几个娃娃上学，好像咱就是个没见过天的。我们把孩子弄到这个平台上，这就是最大的本事了。

访谈者：已经很厉害了。

童凤琴：没啥本事了。我对待这几个小孩很愧疚，赶到那几年，果园十年没挣上钱，也赶到小孩子上大学，小孩没供出来。丫头考上北京大学没有去，最后辍学下来不上了，那就复读，复读不是还得一年嘛，人家都开学了，她就报个大专吧，她成绩那么好报个大专，一个礼拜录取结果就下来了。工作两年后，她的文凭不行，因为她实际上的是大专，想考到县上还考不上去，人家不收，县上都是本科。在公社里干了 3 年，她又自学的（专升本），10 月份结果拿出来，10 月份月底就到县里上班去了。我也不想跟他们要钱，有时候他们给点儿，不给，我跟你大爷也饿不着。我们一天挣个二三十块钱，一个人（一个月）挣一千块钱，够了，够用了。

访谈者：您平时睡这么晚，早上几点起来？

童凤琴：早上没事，天天半晌午起床，今天睡到 9 点钟才起来。我天天看电视看到晚上 12 点，1 点钟才睡觉，睡早了睡不着。这里跟内地有时差，两个小时吧。你说干啥去消磨消磨时间？到合作中心做生意也开心，说笑话的，在那坐着玩的。我们光坐在房子里也不行。人一生好像就闭着眼摸黑路，你也不知道谁摸到哪去，也不是说长得顺眼的，一看（就知道）往哪去，谁也不知道以后——到底这一生我走哪个路子，我怎么过好日子？谁都是那样设想过的，但是真正的就不是那样了，谁也不知道会怎么着。过日子，往前走，就像闭着眼摸黑路一样的，也不知道谁能过到啥程度，也不知道日子过到哪一步，都想过好，哪个不想过好呢？

访谈者：谢谢您接受访谈，我觉得会越来越好的。

┃访谈者后记┃

7 月是整个新疆的旅游旺季，霍尔果斯也在这段时间迎来了全国各地的游客，他们为当地生活的人们带来了商机，许多有闲暇时间的居民开始在路边卖一些当地和邻国的特产，推着冰激凌车的少数民族的商贩渐渐增多。2019 年 7 月 18 日，我在合作中心门口遇见推着小车卖东西的童阿姨，她带着边沿肥大的帽子，围着口罩，和其他在门口做小生意的人一样，裹得严严实实。童阿姨微胖，个子不高，皮肤在长久的日晒下颜色黑红。与别人不同的是，她卖东西不会极力地向游客推销，通常是随缘买卖。在她没生意的时候，我便会与她聊天，熟悉之后，童阿姨得知我一个人在外，就时常喊我去她家吃饭。童阿姨夫妇住在霍尔果斯南侧的一个新开发的小区里，环境很好，楼后面是一大片玉米地和向日葵，空气清新。童阿姨在小区里有一小片菜园，经常收获些蔬菜瓜果。他们的子女不在身边，但两个人生活自在，日子过得很开心。

因为与内地有着两个小时的时差，童阿姨每天吃完晚饭后会陪着高大爷看电视，并在小区门口的绿化池旁边散散步。他们上午起得也晚，所以经常在下午四点左右开着一辆红色的三轮电动车到合作中心，这是他们用以去往各地的交通工具。与童阿姨和高大爷熟悉之后，我也成了这辆"敞篷车"的常客。葡萄成熟的时候，童阿姨和高大爷会选择临近的一个葡萄园，亲自摘一些，摆在阳台晒成葡萄干。口岸附近的物价相对兵团要高上许多，童阿姨和高大爷每隔两周就开车到团里采购生活物品，路途不远，来回不过一个小时。

我离开霍尔果斯的前一晚，电话里与童阿姨他们约好再见一

霍尔果斯国门前推着小车做小生意的阿姨

面。去到他们家里之后，童阿姨为我煮了一碗饺子，她说这是家乡的味道，跟口岸这里的不一样。大概是掺了一些乡愁。童阿姨最后送我到小区门口，跟我说她以后可能再没有机会回老家了。我联想起她几十年的经历，感觉这话蕴含着背井离乡的沉甸甸的情感。路边的树叶随着风沙沙作响，童阿姨的身影透过清晰的月光，长长地延伸在他们奋斗了40多年的路上。

他们奋斗的路上绕不开的风景便是"果园"。新疆因为地理和气候原因，昼夜温差大，日照时间长，种植果树是当地人重要的经济收入渠道之一。从童凤琴夫妇的口述中可见，他们种植果园的环境随着时间的推移越来越好，这除了与他们的个人努力有关之外，也因霍尔果斯市政府在整个果树种植方面给予的帮助。市委、市政府高度重视新、特、优林果业品种的引进和推广，并把新品种的引进和示范推广纳入林业工作的重要内容。2019年，霍尔果斯市将新、特、优林果品种推广纳入"三北防护林工程项目"给予补贴：新建的果园，成活率达85%以上，验收后按照500元每亩给予补贴；更新的果园，成活率达85%以上，验收后按照100元每亩给予补贴。除此之外，由州林科院、市自然资源局林业办等组成了林果技术服务队伍，组织种植大户和普通果农参加专业技术培训和知识讲座。并邀请州林科院专家深入田间地头，指导果农掌握土肥水管理、栽培修剪、病虫害防治、成熟期管理、采摘储藏等关键环节关键技术。通过专家组传、帮、带和引导示范，有效提高了果农的田间管理水平。[①] 这正是当时童凤琴夫妇种植果园时所缺少的，而如今当地的果农已不必为此担心。

---

① 《关于打造特色林果业种植基地的建议》，新疆霍尔果斯市人民政府官网，索引号 h001-30/2019-0925001。

三、现在的日子好得不太敢相信

——杨菜华口述："我一个人过得很开心"

时　间：2019 年 9 月 24 日
地　点：新疆霍尔果斯，浩堃大厦，十一楼
访谈者：刘玺鸿、吴俊杰

| 访谈者按 |

　　早在 2018 年，我们团队就与杨菜华有了初次接触，她的热情豪爽给我们留下了深刻的印象，后续的日子里，我们与杨菜华也保持着联系，她对我们再次返回霍尔果斯表示欢迎。杨菜华 1946 年生于甘肃通渭，1972 年从极其贫困的家乡前往新疆，只为"讨口饭"吃。杨菜华家中兄弟姊妹八人，她排行第八，现户口在新疆清水牧场，因与丈夫感情不和，儿子在 2014 年把她接到霍尔果斯常住。她原本育有一儿三女，大女儿在 2005 年左右意外身亡，但给杨菜华留下了两个孙子，如今四世同堂。杨菜华最主要的亲朋好友全部都在霍尔果斯，自从家中父母和兄弟姊妹相继离世后，杨菜华便很少再回老家。因为孩子们都比较有成就，她在霍尔果斯的生活自由自在，所在社区^①的工作人员对她非常照顾。

　　同霍尔果斯的许多人一样，杨菜华在 2016 年 5 月开始到合作中心做小生意，也在那里交到了很多朋友，变得更加开心，身体上的一些小病症也在这些年慢慢好转。从外表看来，杨菜华身形瘦小，但精神抖擞，声音洪亮，喜好与人沟通交流，并在几十年的沧桑经历中打磨了自己的心态。杨菜华性格独立，多次拒绝和子女们同住，选择一个人住在儿子购置的套房里。她的众多亲朋好友都在霍尔果斯，女儿和外孙们隔三岔五会前来探望。居住的小区临近霍尔果斯市丝路小学，在当地比较高档，房间宽敞明亮，生活条件优越。在与她的交谈中，她多次感叹时代变迁，对于现在的美好生活也非常感慨。我依然按照时间顺序将她的访谈分为四个部分，内容除了她本人在霍尔果斯的生活之外，还涉及了她孩子们的事迹。在杨菜华眼中，孩子们是她这一生的骄傲，而霍尔果斯则是他们一家成就人生的地方。

　　杨菜华的人生经历很多，前半生风雨飘摇，但是她在培

---

① 杨菜华所住的小区由霍尔果斯南社区管辖，社区活动比较多，每周都会上门关怀这些老人。

育子女方面非常成功，所以后半生过得幸福安稳。总体上来说，她的生活水平在当前的霍尔果斯来说依然算得上是不错的，这让她看待整座城市和社会的角度不太一样，这也是我对她进行访谈的原因。通过她的口述，我们能够看到霍尔果斯老年人相对独立的个人生活，因为霍尔果斯给了他们做小生意的机会。同时也能够看到霍尔果斯管理者对于居民的关心和体贴，他们对这些与霍尔果斯共同成长起来的一群人生活的各个方面都较为关照。

一、从清水河到霍尔果斯

访谈者（刘）：您是什么时候离开家乡到新疆的？

杨菜华：1972年。我是22岁结的婚，我儿子是1971年生的，我的儿子在我出来的时候两岁，就是1972年嘛。我们老家当年太困难了，也可以说是跑出去的，那时候大集体，就是吃大锅饭。

访谈者（刘）：是您一个人出来的还是说和老公一块儿？

杨菜华：我出来时候就三个娃娃，儿子不到两岁，大丫头、二丫头，最小的这个丫头在南疆生的。

访谈者（刘）：您就直接到清水河吗？

杨菜华：嗯，直接到清水河，我婆婆的妹妹就在清水河。她到甘肃把我们接来的，来的时候我记得玉米都高高的了，好像是八九月份了。

访谈者（刘）： 当时您老公在哪？

杨菜华： 我老公他是 1971 年学习，到南疆。我婆婆、我婆婆的妹妹，我们带着几个娃娃到了清水河。他刚来时，我婆婆的兄弟把他叫到别的地方了，在南疆。

访谈者（刘）： 您 1972 年就来清水河了，来这边做什么工作？

杨菜华： 要饭。那时候没户口，落不上工作。我是 1972 年来的，1980 年才落的户口。到 1980 年，7 年间没有户口的大量落户，不管是地主也好，富农也好，贫农也好，啥人都可以落户。（我们之前）就一直在讨饭，要着吃粮食，反正就是那样。孩子也是这样，学也没有上。

访谈者（刘）： 1980 年落户之后孩子才上学的吗？

杨菜华： 对，儿子就上了一个高中，丫头上了四年级，就上不起了，就不上了。

访谈者（刘）： 您老公一直在南疆？

杨菜华： 不是。怎么说呢，我是 1972 年到新疆（清水河），1975 年我又带着两个孩子到南疆，然后 1979 年就一块回来。他在南疆叫一个岳城县的（地方），是烧窑的，烧砖的。他会烧砖。我们都没有户口，反正在那边也是讨饭的。那时候打零工还没有地方打，也就是在砖窑上，老公烧砖，我们在砖窑上，人家给苞米面，就吃。

访谈者（刘）： 1979 年一块儿回到清水河。当时是怎么想到一块儿回去的呢，老公不是在那边有工作吗？

杨菜华： 这边不是北疆比南疆好？（北疆）这里就是适合（人）住下来一些，所以就回来了。当时不知道回来不能落户，但要回来就是一家（人）一起。我记得是 1979 年 9 月到这儿的，然后 1980 年来了一个政策，就是大落户。一家六口全部落户了，我、三个孩子，还有一个是我婆婆。落户以后就是种庄稼、种地，我们就有地了，地已经分产到户了。

访谈者（刘）： 你们一家子当时分到了多少地？

杨菜华： 一个人是六亩三分地，孩子也算，六个人，一共就是三十多亩，那时候种、收，都是几十户一起，都是机器种，我们掏钱，一亩地多少钱都有标准。

访谈者（刘）： 就是花钱请机器来种。那时候收入怎么样？

杨菜华： 那时候可以吃饱了，肚子能吃饱了，尽量可以维持生活了。之后就是一直种地，种到 60 多岁，后来地也种不动了，地就包给县上了。

访谈者（刘）： 您什么时候到的霍尔果斯？

杨菜华： 儿子是 1996 年来这做生意，我是 1998 年才到霍尔果斯的，把地包出去以后就过来了。儿子在这儿盘了一个店，盘了店我们就干了两年，干了两年后老公就得了病，我们就到乌鲁木齐做生意了，这里的店就给别人了。

访谈者（刘）：在哪儿盘的？

杨菜华：就是在霍尔果斯，在这个国门跟前有一个商店^①，外面做生意，人就睡里面。2000 年我老公身体不好，2001 年他在乌鲁木齐做手术，店就过给别人了，我们就不干了。店过完以后，我就好像啥也没干了，从我老公手术做完之后就啥也干不成了。我们清水河不是有房子嘛，我就回到清水河的房子里面了。

访谈者（刘）：接下来在清水河待着，待到什么时候？

杨菜华：也就一直在清水河待着。（以前）我们穷得人人都看不起，反正清水河我们算最穷的，是最穷那一波人，我们的房子是用苇子盖上的，就是会断掉的感觉。我儿子就到哈萨克斯坦做点生意，到 2007 年在清水河牧场盖了别墅，花了 100 多万，住别墅一直住到 2014 年。我们的娃娃挺好。三个娃娃，丫头也好，儿子也好，对我好得很，对他老爹也好，就是我们老两口不和。我儿子就把我接到这里，我从 2014 年过来就一直在这儿。

访谈者（刘）：这个房子是什么时候买的？

杨菜华：这个房子是盖的时候我儿子就买了，但是也没有住过人。装修好以后一直没人住，暖气、物业费年年交，但是没有人住，到 2014 年我才住。这个房子反正有 10 年了，具体我也不

---

① 1998 年，国门前只是一些零散的商店；2015 年左右，国门前建造了许多小木屋，国门小市场逐渐形成规模。

知道是哪一年买的，我也不问那些。

二、杨菜华的孩子们

访谈者（刘）：您有几个孩子？

杨菜华：我有三个子女，一个儿子，两个丫头。原先我有三个姑娘，第一个大丫头去世十几年了。她是属猴的，猴年里出了车祸没了，她的两个儿子都大了，现在都工作了，也很好。再就是我的二丫头，也就是现在的大丫头，儿子排老三，我还有一个小丫头。大丫头在清水牧场，搞塑料厂，她在里头做饭。我儿子家在乌鲁木齐，但是也没有正式的工作，反正就是到处跑着做生意，也算可以。丫头嫁到了清水河，也是这一圈地方。儿子娶的是九泉的大学生。闺女反正就一般般，儿子比较争气。

访谈者（刘）：儿子他是怎样的一个发展，他后面读书？

杨菜华：他反正读书读到高中。他学习好，那时候没有户口考不了大学，老师都心疼他。他后来自己学，给人家打工，反正也就是啥都做过，吃了好多苦。然后他就在霍尔果斯做生意，他的媳妇是霍尔果斯大酒店的翻译，是一个大学生，他们两个谈到一起以后（女方）就叫他在霍尔果斯做生意。慢慢地他认识的人就多了，就直接办了护照去到（前）苏联。

访谈者（刘）：他哪一年来霍尔果斯的？

杨菜华：他是 1996 年结的婚，和他媳妇儿做生意，就做到了霍尔果斯。他的对象是在霍尔果斯谈的，没来霍尔果斯前他们是互相做生意的时候认识的。女孩儿当时在天地大厦当翻译，她是天地大厦的经理。他在霍尔果斯找的她。我们是 1998 年到的霍尔果斯，他是 1998 年开始到（前）苏联做生意的。

访谈者（刘）：和女孩儿一块儿？

杨菜华：女孩没去。他做得很好，他不犯错，对党不利的事他从来不干。

访谈者（刘）：两个女儿是做的什么工作？

杨菜华：小女儿是在霍尔果斯搞房地产卖楼房的。还有一个大女儿在清水河，她的老公做房地产。我的外孙成家了，我重孙子都三岁了。我大女儿的丈夫在清水河搞了一个塑料厂，也雇了十几个人，我女儿做饭，看重孙子。

访谈者（刘）：您一个孙子？有外孙吗？

杨菜华：我外孙多，有六个，自己的孙子就一个。儿子他就生了一个，1996 年结婚，2000 年生的孩子，今年（孙子）考上大学了，学习挺好。考的什么我不知道，但是考上了。我问了也没用，我也不问，光知道考得很好。儿子经常在外面飘着，乌鲁木齐、霍尔果斯、伊犁哪都走。（儿子）他有空就来看我，要不就不来。孙子在乌鲁木齐上学，他是 2000 年在霍尔果斯出生的。（儿子）他们去乌鲁木齐的时候我孙子两岁了，从两岁起一直到现在。

访谈者（刘）：所以这个房子一直是您的？

杨菜华：这个房子就一直空着，现在我就住在这个房子里。它很早就装修好了，就是没人住。我们动员儿子租出去，他说租给别人自己还能住吗？就不给人租，就一直空着。我进来住的时候土那么厚，窗帘子都挂得好好的。

访谈者（刘）：所以您现在生活还挺幸福的。

杨菜华：很幸福。虽然我的那个女儿没有了，但是我的那两个外孙叫我的儿子一直养大，高中出来以后把驾照考回来了，把俄语学好了，现在一个在派出所当公安，一个买了车跑。两个外孙子挺好的，女朋友都谈好了。

访谈者（刘）：您一大家子人都在这边？

杨菜华：都在新疆伊犁这个地区。儿子让我过上了幸福生活，女儿个人的生活也不错。

访谈者（刘）：像您现在身体很好，接下来有什么打算？

杨菜华：我没有什么打算。我觉得我今天挺高兴，我挺满足，过上几年也挺满足。我回过老家，我是1975年回的，家里人多得很，但是父母亲兄妹一个都没有了，现在就是重孙多。我以前是家里最小的，我没见过的（小辈）生下的孩子都长大很多了，都叫我"太太"，咱们一个都不认识。

访谈者（刘）：没有想过回去养老？

杨菜华：没有想过。婆婆是在这去世的，女儿也是在这去世的，孩子们的房子都在这，我回家干什么，我就在这挺满足的，我现在过得挺幸福。

三、在霍尔果斯的老年生活

访谈者（刘）：您平日里还去合作中心做生意吗？

杨莱华：对。我瘦得很，但是身体很好。天天没事做就着急。我打上两个小时的牌腰就不行了，受不了了，但是我跑步没事，走路什么也没有（事）。不管（做生意）是钱多还是钱少，我精神特别好，我就一直（做生意）到现在。（我）觉得花儿子的钱（他）太辛苦了，我花自己挣的钱觉得挺舒服，想买什么买什么，挺舒服的。孩子们从来不管我挣了多少钱，他们从来不过问。女儿也给钱，儿子也给钱，给我的钱我都不要了，但是吃穿送上来的没有办法，我就要，哪个给我钱我都不要。

访谈者（吴）：您那时来霍尔果斯的时候，这里是什么样子的？

杨莱华：比我第一次（1998）来好多了，但也没现在这样（好）。儿子从清水河把我接过来这房子住的时候，当时都晚上了，天黑得看不见，也没有路，地上全都是土堆，夜里没有灯，房子旁只有个发黄的电灯，还看不清楚。在这的人也少，到了晚上安静得很，旁边的学校也没现在装修得好。这才没几年，但变化特别大。

访谈者（吴）：您平时都喜欢干什么？

杨菜华：我除了喜欢看电视，平时就打打牌。我刚来霍尔果斯的时候，旁边公园里到处都有人打牌，我就找人打牌，不打钱，就打发时间。合作中心开了之后，大家就到里面做生意了，跑到里面挣钱去了，打牌的人不多了。我也办了护照进去。现在很少找人打牌，有时候就在街上遛弯，找熟人聊天，晚上了到人家家里玩一会。

访谈者（吴）：以前也这样？

杨菜华：以前也这样。2014年我没事干，下午就打牌，回来买点菜，自己做点吃的，晚上就睡觉。没事干就打牌。从2016年我去合作中心做生意之后就打不了牌了。他们都羡慕我，说我精神这么好。我不想在家里，我觉得出去跑跑挺好的。你看我现在什么病都没有，就是瘦，但能提东西，有力气，我一点不累，我走路下楼是跑下去的，人家都吓坏了。我嫌电梯慢，我就跑着下去。我觉得我挺幸福的。

访谈者（刘）：看得出来，您每天也过得很开心。

杨菜华：我原来颈椎、心脏（都不好），风湿病，类风湿，有一身的病，反正在清水河的时候，一直是病的。咳嗽、气管炎，反正乱七八糟的病多得很。感冒了一定要打吊针，打几天吊针都好不了。从2014年搬到霍尔果斯，（我）没有打过吊针，精神也好，颈椎也没事了，风湿病也没有犯过。我原来有一个昏倒的病，不知道怎么就晕倒了，现在都没有了。现在我不感觉我有哪里疼。

访谈者（刘）：所以就准备在这一直这样？

杨菜华：一直这样搞，哪天搞不动了就休息。我现在就觉得牙不好，一点也不行，都是镶的假牙。其他再没有什么毛病。就是水果吃不动，像孩子给我买的这些都吃不了。

访谈者（吴）：您孩子经常来看您吗？

杨菜华：有空了就过来看我，给我带个水果啥的。上回我小丫头过来你不是看到了吗，给我摘的一大桶桃子。反正现在吃的喝的不愁，水果牛奶有时候太多了吃不完我还得往外送。我丫头和孙子离得都近，丫头就在旁边不远开了二手房的店铺，每天我从那经过她都知道，有时候两三天不见我，还会问我。反正就都方便，哪都好。

访谈者（刘）：孩子很关心你，给你买的坚果都很贵了。

杨菜华：他买了好多。来了朋友我都叫他们装走了，我吃不了。我说我吃不动还买什么，他说我吃不动，家里放点东西，来人给客人吃。我一个（人）也吃不动。

访谈者（刘）：老伴儿在哪？

杨菜华：他就在清水河。几年了他也不给我打电话，我也不给他打电话。他也不找我，我也不找他。他比我享福。

访谈者（吴）：那您觉得现在的生活好吗？

杨莱华：我女儿说过好多次让我去跟她住，我觉得一个人住得开心，就没去。我就没想过能过得这么好，有时候就觉得现在的人咋都这么好，谁对我都不错。社区里的人隔三岔五过来看我，给我带东西，给我拍照片。逢年过节的时候还给我送东西，中秋给我送了一大盒月饼，一箱子牛奶还有水果，每回过节都送。我就说我户口不是这儿的，他们也不管，就老往我这跑，关心我，我就想现在党的政策是真好，不太敢相信。

访谈者（吴）：嗯，是挺好的。谢谢您跟我们聊这些。

｜访谈者后记｜

因我们团队于2018年已经与杨阿姨相识，总体来说，与她的访谈完成得相对顺利。但是她年纪较大，记忆力有所下降，有些遥远的故事细节已经无从考证，我们很难从中得到更多关于时代变迁的内容，只能从她的叙述中最大限度地梳理出一些有用的信息，用以反映一个普通人眼中的城市、家庭和生活。

在与杨阿姨相处后，我们可以用"潇洒""通透"以及"活得明白"来形容她的性格。她外表看着非常消瘦，但精神抖擞，我与她在路上偶遇过几次，远远地就能听见她与旁人聊天的声音，走近了可以看见她耳垂上戴着的金耳环，再近些就能看清杨阿姨闪着精明的眼睛。杨阿姨一个人居住，但家里陈设整洁，干净卫生，处处透露着干练。之所以拒绝与子女同住，是因为她觉得每个人都有自己的生活，互不相扰最好，况且两代人的生活习惯不一样，生活在一起容易产生矛盾。对于"独立生活"这点，她十分坚持。

近年来，霍尔果斯的公共建设愈发完善，绿化程度也很高，城区约有 10 座运行的公厕以及 93.5 万平方米的绿化区域，并长期进行维护。①

杨阿姨所住的小区位于卡拉苏河附近，这条河周围设有护栏并种上了两排观赏树，衬上新疆常年的蓝天白云，风景十分秀丽。附近就是卡拉苏河步行街以及友谊路步行街，周围多是各色的商店，每天人来人往非常热闹。杨阿姨的小区门口就是送新鲜牛奶的站点，还能买到新鲜的馕。她不经常在家中做饭，午餐通常选择在面馆里吃一碗"过油面"。晚上临近天黑，卡拉苏河沿岸会陆陆续续摆上贩卖水果的摊位，杨阿姨有空的时候就和其中一位阿姨聊天，或者到玩得好的几位老友家里叙叙旧，最后再以一两集电视剧结束平凡而充实的一天。

平日里，杨阿姨有三位关系特别好的玩伴，他们分别来自甘肃和四川，都在霍尔果斯生活了许多年。这些人的儿女很早便离开家乡在外打拼，之后成家立业，决定在机遇更多的口岸地区生

---

① 《霍尔果斯市环境卫生、绿化养护市场化服务的公告》，新疆霍尔果斯市人民政府官网，索引号 h001-30/2019-0216001。

傍晚在街边贩卖的水果摊，每天都会吸引很多游客

几位阿姨在维护绿地的草坪

卡拉苏河的人造瀑布，风景美丽，为当地人的休闲场所之一

活。无论是主动还是被动，他们陆陆续续也从家乡赶来儿女所在的地方，帮忙料理生活，并承担起照顾子孙的责任。同所有人一样，他们经历了一开始的不适应，后来慢慢习惯西北的气候、食物以及作息，并逐渐安定在这片土地上。他们逐渐成为这座城市的一部分，以亲身体验融入周身的环境。而我遇见这些"老人"，并通过他们的口述感受了他们的人生态度，遇见了片段的"历史"。

随亲而定，相扶相持

——张海峰、毕乐梅、卢群口述

| 访谈者按 |

新中国成立后，全国各地大批量的劳动力随着兵团驻扎在西北地区，发挥着"屯垦戍边"的作用，一部分人在生产建设中选择永久地留在霍尔果斯这片土地上，"西部大开发"倡议的提出更是让一批人投身在这座城市。2014年6月26日，霍尔果斯市经国务院批准成立，这座县级市包含四个街道，两个乡镇场和两个兵团团场。时至今日，霍尔果斯经过几代人的努力不断发展，而这些来自全国各地的居民也使得当地人口的构成非常多样化。虽然户口都属于霍尔果斯，但多数人往前追溯历史时总会提及自己"口里"的家乡，他们在生活稳定之后依然与家乡保持着联系，并不断将老家的亲戚吸引到自己所在的地方。

本章节所选取的口述内容主要体现了这种"随亲而定"的现象。这三个口述所涉及的访谈对象虽然在家乡、工作和人生经历等方面截然不同，但是他们都是由于亲人在霍尔果斯生活和工作，才选择离开内地前往边疆。他们的年龄集中在四十岁左右。第一位口述者张海峰的年纪最大，也是最早到达霍尔果斯的，他起初跟着妻子的亲戚包工地，途中换了三份工作，见证了"老边贸"的兴盛和衰落；第二位口述者毕乐梅因为婚姻而留在新疆，这个选择背后蕴含了许多复杂的情感，毕乐梅对家乡的牵挂以及对这座城市发展的期待同所有流入到他乡的外来人口一样，他们在日常生活中不得不去平衡家乡和所在地之间的关系；第三位口述者卢群一方面是因为丈夫而选择留在霍尔果斯，另一方面则是因为霍尔果斯这座城市给了她内地所没有的奋斗机会，她在这里可以拥有自己的一份"事业"，从而实现自己的价值。

霍尔果斯具有极强的"流动性"，在这座城市的人们也十分自由地根据不同的目的进行不同的选择，他们停停走走，或去或留。我希望通过这些外来流动人口的口述呈现出霍尔果斯与内地的联系，并通过他们的人生抉择，反映一座城市在不同人心目中的面貌。

一、我一直是独一份

——张海峰口述："国家大力在这里扶持，以后肯定会越来越好"

时　　间：2019 年 8 月 24 日

地　　点：新疆霍尔果斯，卡拉苏河步行街，"百味聚"砂锅店

访谈者：吴俊杰

| 访谈者按 |

2017 年和 2018 年，我们团队前两次到达霍尔果斯的时候，这座城市的基调是严肃的，但 2019 年的霍尔果斯跟往年都不太一样，整体的氛围十分活跃。3 月初，霍尔果斯开始整治市容市貌，原本脏乱的街道和灰暗的店铺门面经过 4 个多月的装修后焕然一新。7 月中下旬，热闹非凡的步行街适逢霍尔果斯的旅游旺季开放，带火了卡拉苏河周围的生意。

张海峰的"百味聚"砂锅店就位于霍尔果斯市卡拉苏河

步行街上，是市内第一家卖砂锅的饭店，因为味道鲜美且价钱适宜而吸引顾客。他与妻子皆为陕西人，因为妻子的亲戚在新疆包工地，张海峰得知新疆发展不错，便在1990年带着妻子从陕西来到新疆霍城县，在那里跟着亲人包工地。1991年左右，由于包工地过于辛苦，夫妻二人从霍城县前往霍尔果斯贩卖煤炭，当时卖煤炭的地方就在老边贸。1998年，儿子出生，加之边贸互市的生意越来越衰败，张海峰夫妻俩开始转向餐饮业，在边检站旁边开了第一家焖锅店。2003年，霍尔果斯市内规划开展得如火如荼，边检站旁边的房子均被拆除，张海峰在卡拉苏河的东岸租了一间店面，所开的饭店一直营运至今。由于所运营的餐饮种类向来都是独一家，无论步行街开放与否，他们的生意一直很好。

霍尔果斯的时间比内地晚两个小时，所以张海峰在下午一点前几乎只有一些外卖生意，下午一点到三点，晚上八点到十点，他们的店里通常坐满了食客。张海峰为人豁达，在我说明想要访谈的来意时欣然接受，并主要告诉了我他们在边贸互市做生意的过往。在霍尔果斯生活的28年间，如今52岁的张海峰见证了老边贸的繁荣和兴衰，经历了整个城市的规划和建设，他的口述比较直观地反映了这些内容。

作为一座大力发展旅游的城市，"交通运输"和"餐饮美食"在城市生活中占据着重要的位置。通过张海峰的口述，我们除了了解老边贸的历史，对于口岸的交通和餐饮行业的认识也会有所增强，这些不同的方面共同构筑了霍尔果斯。通过多样化的口述内容，我们可以看到霍尔果斯多彩的城市面貌。

一、"老边贸"的运输

访谈者：您是什么时候来到新疆的?

张海峰：我是 1990 年，20 多岁过来的。

访谈者：当时因为什么过来?

张海峰：因为妻子的爸爸在这边包工（地），我们就也过来包工地。她姑父是"抗美援朝"过来的，他们后来集体转业在这里。

访谈者：您刚来的时候这边是什么样子的?

张海峰：像戈壁滩。我们原来在霍城县，这儿没开，这里是 1991 年才开的，1991 年口岸才开放。① 后来口岸开了，（但是）国际贸易这些还没做。原来最早就是在边检站那儿有两间土房子，老海关那儿，白杨树那儿，有几家，再就没有别的东西了。

访谈者：您来的时候就是做餐饮的吗?

---

① 实际情况是，1983 年 11 月 16 日霍尔果斯口岸贸易就已经恢复重新开放，张海峰表达的应该是内地人开始大量进入霍尔果斯市的时间。

张海峰：没有，我们原来是卖煤的，煤炭^①，1998 年生我们儿子的时候就不卖了。最早我们在霍城县干包工（地），我实在不愿意干那个，太累了，我才出来卖煤，就给食堂送。

访谈者：当时卖煤生意好吗？

张海峰：还凑合吧。因为我是独家的，我干什么都是独家的。当时就没有别人卖，只有我们自己卖。后来 1998 年就改做餐饮行业了。当时卖煤在老边贸上。

访谈者：老边贸是从几几年到几几年的？

张海峰：是 1992 年建起来的。最早是霍城县与霍尔果斯（联合修建），地盘是霍城县的，是霍城县管的，就在老边贸那盖了两个工棚，两个铁皮房。我们干的时候这边没人干这些，都是我们自己从乌鲁木齐边疆宾馆拿点东西自己卖，那时候口里人还没过来。

访谈者：那个时候生意好吗？

张海峰：还凑合吧。因为当时他们外国人过来的时候，咱们国家不让他们进来，就是当天拿完货当天就走了。没像现在这么放开的，他们可以到口里去，哪都可以进货。原来就是他们当天在那个市场里面买完东西就走了，当天干完以后钱一拿，我挣了

---

① 2018 年 11 月 19 日至 2019 年 2 月 28 日期间，霍尔果斯市政府下发文件整顿煤炭市场，对散煤零售、倒卖行为进行治理，并确保煤炭运输环节的畅通。具体参见新疆霍尔果斯市人民政府官网 2018 年 11 月 19 日发布的相关内容。

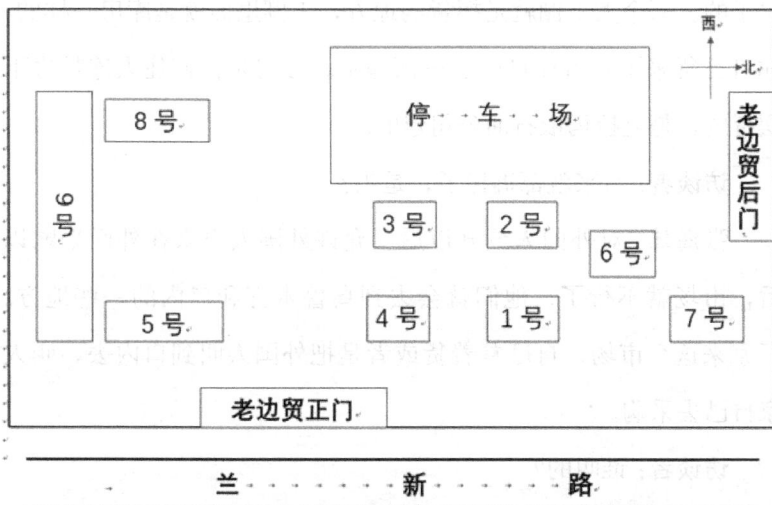

老边贸的基本布局 ①

多少我自己就知道了。但是到 1995 年下半年就慢慢地不行了。

访谈者：您能给我讲讲老边贸原来是什么样子的吗？

张海峰：原来最早是分了一个 1 号市场、2 号市场、4 号市场，最后有个 8 号市场，完了以后还有我们陕西省建设局和这儿合建的一个 7 号市场。原来是平房，也有楼房，有工棚。工棚就是打那个铁皮顶子，就是一个长一点的铁柜子，一节柜台一节柜台的。

访谈者：要是做生意就租一间柜台？

张海峰：对，外边有库房，还有那个小平房，一间房子一间

---

① 引自刘玺鸿：《边界"组装"——新疆霍尔果斯的边界人类学考察》，硕士学位论文，中央民族大学，2018 年，第 62 页。

房子的。那个大工棚就是摞货的地方，工棚里面就是库房一样的，你自己货来了以后你自己在里面卸货。楼房是他们住人连带底下摞货的，是克拉玛依石油公司建的。

访谈者：后来就都拆掉了，是吗？

张海峰：对外国人放开以后，允许外国人出来在外面采购以后，市场就不行了，他们就会去到乌鲁木齐和口内的一些地方。厂家来这个市场，自己拿着货或者是把外国人叫到口内去，叫人家自己去采购。

访谈者：谁叫的？

张海峰：就咱们自己这边的老板。口内的厂子，口里的商家叫他们直接去采购。我们原来在这儿的时候，都是从乌鲁木齐边疆宾馆、月明楼那些地方采购回来在这儿发货，（外国人）他们就是每天早晨过来，下午7点就要出去，不让他们（从老边贸）出来。

访谈者：就是他们一天只能进出一趟吗？

张海峰：对。他们过来买完以后，把货装在他们自己的车上，下午7点钟出关。不让他们去外面。在1997年的下半年，慢慢地边贸就自己走大贸了，现在货场这些就属于大贸了，（属于）公司贸易了，结果市场就倒闭了。

访谈者：好像是2000年以后，老边贸分成了四个地方是吗？

张海峰：对。分开以后就一个7号市场，一个8号市场，就这几个。现在全部扒掉了，（原来）就在联检大厅旁边的电力公司附近。

访谈者：老边贸当年特别繁荣是吗？

张海峰：对。那时候（外国人）他们由班车拉过来以后，他们把货一采购当时就走了，都现金交易，没有欠债什么的。市场不行以后好多的商家就自己跑到他们阿拉木图①那边 ——那时候他们首都还没迁，原来在阿拉木图，它是中亚一个集散地。

访谈者：然后他们就跑到那边发货了吗？

张海峰：就是。完了就没有人了，市场就走大贸，就是库房装，装完以后外边人家自己可以建立公司，海关建立监管库房。原来的监管库房，1997 年下半年有"中外运""中外贸"和"农垦"，就这几个货场，现在你看"九鼎隆"②之类的货场就多了。

访谈者：那个时候是因为什么不行了？

张海峰：这也说不上是因为金融经济怎么了，反正突然间就不行了。好像好多人挣了很多钱，到 1996 年就开始到南方去了。

访谈者：老边贸什么时候结束的？

张海峰：是在 1997 年的下半年，就是外国人的车放开以后，他们可以去乌鲁木齐等外面采购了，这个市场基本上就不行了。但是他们那边市场也不稳定，美金汇率来回浮动，他们那边人（把

---

① 阿拉木图是中亚的金融中心，中亚第一大城市，苏联解体后在 1991 年至 1997 年为哈萨克斯坦首都。

② 这些货场用于存放从外国进入中国的货物，通常由哈方车牌的大卡车带着货物从南国门进入货场；也负责进出口农副产品及加工，并开展边境小额贸易。

钱）全部换成美金，不存自己的钱。我们跟外国人在一块，听说他们的钱都不存银行，他们都自己放在保险柜里，要不就买房子。他们（苏联）解体以后两极分化，有钱人很有钱，没钱的穷死。那时候（苏联）解体以后，内部之间打仗，很多人就过来了，那时候他们国家那些驾驶员过来的多。

访谈者：驾驶员多？就全部开车来这边运货的？

张海峰：对。他们有一些有护照的，有车的自己开车；没车的有护照的人，就拉一趟货，从他们海关接上车到咱们这边，来去就是 200 美金，管吃管住。

访谈者：专门做这个的？

张海峰：是。那时候他们生意好，都停在咱们停车场，咱们国家也不让他们的车乱占地方，全部都停在边检站监管停车场，必须要在那里。

访谈者：他们那个车是什么车？

张海峰：他们的"托马斯"车，必须停在边检站建的停车场，那是监护中队的，外边这些货场都不让停。（外国人）一过来，他们把货卸完以后，必须要到那边停车场去，要登记。他们一进来以后，边检那就知道他登记了没有。完了以后，老板这才找车。比方我是外国人，我采购货回来，从乌鲁木齐拿过来、口内发过来的，发到货场，必须你那边是代理公司，负责给我往外发，你说我这货给你，你再给我找车，在边检站要车。

访谈者：然后他们的车再运到国外？

张海峰：对，拉回去。那时候咱们国家的车很少有过去的，现在咱们国家这几年发展快了，跑的车也比他们那车（货）还拉得多。

访谈者：边检站哈方的车必须只能停到那儿？

张海峰：对，他们在别的地方拉（货）你不好管理，所以他们要找到货场去，到海关监管库房去，到监管库房装货，一关三检①，就是海关、商检必须得有。

访谈者：我要在老边贸买东西，也是这样吗？

张海峰：在老边贸买的东西，只能说是当天进来当天走，（外国人）他们就是坐班车，班车后面带着"托马斯"。在老边贸买东西跟拿大货的、大贸的不一样，它们是分开的，但是拉大货的（车）货卸掉之后，他们不能空车返回去——国家与国家之间又不是咱们走亲戚——他们宁愿等哪怕一个月，（也要）等着装货。那时候咱们国家又不限重、不限高，他们那边也不限高，就可以随便装，只要车斗子大。你想他们有一个车，最大的那个叫"7877"，光它的肚子底下的斗子，装行李箱的地方就能装好多，咱们那时候也没有这么大的车。咱们这边有装卸队。人家的车空着过来，装卸队就要量那个箱子去，量一下车厢这斗子多大，能装多少立

---

① 出入境的货物必须要经过"一关三检"，一关指海关，三检指商品检验、动植物检验和卫生检验。

在合作中心运营后而停业的互市，现阿乐滕国际饮食城（作者摄于 2019 年）

方货，人家必须要找适量的货装走。

访谈者：2000 年左右老边贸改成了四个区域，还有一个互市是吗？

张海峰：互市那是口内人过来以后，在现在阿乐滕美食广场那里，就是在深坑那摆了几天。你看现在楼盖起来了，反正当时有一栋就直接爆掉了，要拆迁，因为有统一规划。分出来的互市就红火了那么几年，就 2010 年左右到 2013 年左右，合作区一建起来互市就不行了。

访谈者：那些人最后都到哪去了？

张海峰：有去国外的，有改行的。挣上钱的那就是走大贸的，比方我（在国外）那边有客户，我自己有货源，给人家负责卖。

访谈者：像您这样回头过来开餐厅的也有吧？

张海峰：多。你像那边的"山西刀削面"，他们就那时候比较火，1995年来的时候多牛。他们内蒙古人发马靴，一家都能挣个几百万的。有挣的，也还得有赔的，货物采购不好的，回去就赔得可快了。人家挣上钱了就搞大贸，从乌鲁木齐收货。你想，一个车从那边收货收回来，立方上也挣钱，完了以后再发出去，一个车次1500美金，包关（过海关）、包检（安检）、包安装、包卸车。

访谈者：发一趟大概要多久？

张海峰：这个就看他们货物采购（的时间）了。哈方的人先在乌鲁木齐，采购好以后，他们到货场，就是你交给我，我负责给你发，就这样收。比方有些人是一个立方（收）300美金，感觉到这个鞋子（是）轻货可以配重货——原来国家不限重限高，就可以配重货，都是底下装重货，上面装轻货。反正都在阿拉木图分，货到那，他们再分。

访谈者：那时候最后都是要到阿拉木图分货？

张海峰：对。必须到阿拉木图，有个监管货场。但是也有直达的，比如"北京包"。就是北京发过来的货，拿那个黄胶带缠住，我们把这样的货叫作"北京包"。比较值钱的货，都是（经）天津港过来的，韩国的货，基本上都是从北京直达莫斯科，用的都是他们的"托马斯"。

二、独一份的餐馆

访谈者：当时为啥想着在这儿开饭店？

张海峰：有一句话说，"没钱开食堂"嘛，这话还是有道理的。

访谈者：当时生意好吗？

张海峰：还可以。我做的还是独家生意。我第一家店卖焖锅，原来在边检站那边，仙桃宾馆对面的平房里面。2003 年，那边城市改建时候，就把平房拆掉了，就搬过来，到这儿了。（卡拉苏河）这边当时也已经形成规模了，也是现在这个样子。但那时候开食堂的少一点，对面那儿基本上就没开食堂。

访谈者：您这个店是买的还是租的？

张海峰：租的。刚来的时候才 1 万块钱，现在已经涨到一年 3 万了。

访谈者：装修什么的是自己掏钱吗？

张海峰：现在都是自己掏钱。老板不管你那种事情，你愿干啥人家不管。

访谈者：7 月初的时候，这边不是统一翻修了一遍吗？

张海峰：对，就是外面"亮化"了一下。门面都亮化了，街上都全部亮化了，这是政府掏钱弄的，全国性的亮化，咱们口内是早就亮化过的。门以内是自己装修的，门以外全部是政府亮化的。

已经完成统一规划、装潢的店铺

访谈者：您刚来这边的时候还适应吗？

张海峰：我也习惯新疆了，我还感觉现在回口内去倒不适应了。我儿子也习惯了，现在回去也没有朋友了，同学都在这儿，回去跟别人也没法沟通。新疆人生活节奏慢一点，不像口内人的压力那么大。

访谈者：在这边要是肯出力就能挣到钱。

张海峰：对。说一句难听话就是"饿不死人"。就是马上到地里拾荒去，还能捡几麻袋苞谷啊，黄豆啊。

访谈者：当时有人去地里拾荒吗？

张海峰：有，现在都有。现在每年收完黄豆，有些老太太到地里面捡黄豆还能捡几麻袋。

访谈者： 2013 年的时候，"一带一路"倡议提出来了，对您有什么影响没有？

张海峰： 要说影响还是有的。咱们国家投资口岸，这是国家的一个战略出口。

访谈者： 这边有没有什么变化特别大的地方？

张海峰： 国家大力在这边扶持，那肯定是越来越好的。你像政府这一块，光江苏一个省的都在这边援疆，你看见旁边江苏援疆公司了吗？哪一个地方在这儿援疆，人家肯定是要带自己的老板过来的。

访谈者： 您来这么多年，您觉得这边变化最大的是啥？

张海峰： 怎么说，现在就是国家也在扶持，反正发展还是挺快的，我们来的时候是戈壁滩，这现在已经成了这个样子了。

访谈者： 现在您在哪住？

张海峰： 我们在"雅安国际"，就是在霍尔果斯市里住。

访谈者： 没有想过回去吗？

张海峰： 娃都安排在这儿了，他们的户口早都在这儿了。那时候不是娃上学有跨区费嘛，就都迁过来了，就我一个人户口在口里。现在生活啥都方便，就说瓜果蔬菜，我们这边到冬季，海南的水果蔬菜都有过来的。交通方便了，出行也方便了。咱们来的那时候只能坐汽车，哪有火车？我坐的从西安到乌鲁木齐的火车从 18 块钱一直涨到 136 元。一开始 18 块钱，后来 36 块，涨到 60 块，最后涨到 100 多块。

访谈者：现在多少？

张海峰：嗯，136 块。

访谈者：我没有什么别的问题了，谢谢您跟我说这些，您忙店里的生意吧。

| 访谈者后记 |

随着国家对边界城市建设的重视和资金的投入，作为中哈重要沟通桥梁的霍尔果斯在中央政府的关怀之下发展得越来越好。尤其是 2019 年开始，从基础设施到文化建设，霍尔果斯都以更加完美的面貌呈现在大众面前。这座城市的崛起，带动了一系列产业发展，其中最突出的莫过于与旅游息息相关的餐饮和住宿。无处不在的标明着全国各地不同地方特色的餐馆侧面印证了这座城市的多样性构成。人们在这里可以尝试到独特的民族餐，也可以根据自己的口味而选择属于自己家乡的饮食。因为曾举全国之力援建西北，霍尔果斯到处充斥着"融合"的气息，各种元素被合理地包容在这里，我们从任何角度都可以窥探到生活的某一个角落。

霍尔果斯市根据《中华人民共和国大气污染防治法》和《新疆维吾尔自治区环境保护条例》等有关法律法规规定，从 2018 年

5 月份开始，对于餐饮行业发展兴盛过程中出现的店外经营、占道经营、露天烧烤等情况制定了标准和规范性处理，在全市内推行使用电力、天然气等清洁能源，以维护环境。[①] 霍尔果斯市内的餐馆因此统一规划，并呈现出干净整洁的外貌。

张海峰经营的餐馆在卡拉苏河沿岸，和许多店铺整齐地罗列成一排。与内地两个小时的时差导致这里的用餐时间也往后推迟了两个小时，当地人十分适应这种时间安排，但是刚到新疆的游客则会选择提前吃饭，所以张海峰和妻子每天都守在店里，接待随时可能上门的顾客。他和妻子为人和蔼，又因我几乎每天都在他们家吃饭，所以对我的访谈请求欣然接受。张海峰在西北从事过许多行业，又处处留心观察，对于兴盛一时的"边贸互市"也有很多见解，我由此得到了许多相关的信息。

与从"老边贸""老互市"转业的张海峰一样，许多人选择从流动性极强的交易中抽身出来，并以另一种商业的形式（开店）立足于这片土地，这也成就了霍尔果斯的第一批实体产业。霍尔果斯就此从一开始的外贸交易通道成长为具有生活功能的一座边界城市。虽然至今我们仍能看见些许不完善的地方，也能从当地人口中听出不太满意的方面，但是希望与生活同在，我们可以憧憬更美好的未来。

---

① 《关于印发霍尔果斯市全面开展餐饮服务业油烟治理工作实施意见的通知》，新疆霍尔果斯市人民政府官网，索引号 h001-30/2018-0604002。

二、什么时候能开个小店就好了

—— 毕乐梅口述："就在霍尔果斯住下了，我就希望
一家人生活稳定"

时　间：2019 年 9 月 11 日

地　点：新疆霍尔果斯，佰圣商务酒店，315 房间

访谈者：吴俊杰

┃ 访谈者按 ┃

霍尔果斯作为旅游城市，它的旺季开始于一年的七月，结束于十月中旬，伴随着游客的流动，当地的一些店铺也根据不同的季节进行招聘和裁员。我们团队与毕乐梅在 2017 年接触过，那时她还在霍尔果斯合作中心的一家商店里做导购，由于 2019 年 3 月商店裁员，毕乐梅重新找了一份酒店前台的工作，经常白班夜班来回倒，比较辛苦，整个人看起来非常清瘦，但是她每日奋斗的劲头十足，这种精神很有感染力。

毕乐梅1985年出生于河南省周口市底下的一个小村庄，和丈夫结婚后，2005年随他到新疆克拉玛依做生意，2017年来到霍尔果斯。毕乐梅现育有一儿一女，大女儿12岁，已经上初中，办理的住校，小儿子3岁，由奶奶照顾，并不在自己身边。她对孩子的教育比较重视，两个孩子非常懂事，活泼可爱。

毕乐梅一开始打算随丈夫到新疆停留一段时间就回老家，但是和丈夫结婚后，户口便迁到了霍尔果斯市下的莫乎尔牧场，她只好随着早已在此定居的丈夫一家在新疆常住，只在逢年过节回趟家乡。毕乐梅的丈夫现在是一名南国门的巡边员，夫妻二人都经常上夜班，在家里陪孩子的时间不多。毕乐梅常常因为不能长久陪伴家人而感觉内疚。

口岸留下了老一辈人，也因为自身无限的发展前景吸引了一批青年人奔赴而来。毕乐梅作为年轻人中的一员，在这里成家立业，养育子女，并开始考虑赡养双方父母的问题。霍尔果斯给了她机会，同时也带来了挑战，从她的口述中，我们可以看到当前年轻人在"家乡故土"和"奋斗之地"间的摇摆与抉择，他们的梦想各不相同，但都有关于父母、伴侣以及子女，这些梦想因此被赋予了温度。同时，我也希望通过她的孩子了解到霍尔果斯的教育情况，这也能反映西北

毕乐梅近照（由本人提供）

口岸的某一方面现状。毕乐梅年龄不大，我平日里称呼她为"小梅姐"，文中出现的"大哥"则指代她的丈夫。

一、从克拉玛依到莫乎尔牧场 [①]

访谈者：您是 2005 年来的新疆吗？

毕乐梅：嗯，刚来新疆是在克拉玛依那边，一直在那边待着。原来我不上学了就在家给我哥带孩子，就是带我侄女、侄子，后来就去深圳那边打了几年工。

访谈者：在深圳打工是什么时候的事情？

毕乐梅：那会多大？还不到 18 岁。打了几年工就回来找对象了，找了对象就结婚到这边来了。其实在深圳那边也有小伙子，也有人介绍，我说不行，我们家我妈就一个男孩子，我就找附近的，可以帮着家里照顾家人，就不想找那么远的。结果一下子这么远，太远了。那时候就说找我们家村儿旁边的都行，然后可以照顾家里人，可以给我哥分一些负担。我妈是这样想的，想着（丈夫）他从新疆回来，我也回来，就愿意了。他们家是我们河南的，村也没离多远，想着还回来呢，没想到他们在（新疆）那边落户

---

① 莫乎尔牧场原名胜利牧场，1980 年更名为莫乎尔牧场。莫乎尔牧场位于霍尔果斯市以东 14 千米处，原本属于霍城县，2014 年霍尔果斯建市后，莫乎尔牧区并入到市内管辖范围，如今属于霍尔果斯市。

了，我都不知道。当时我还想着在这边打工，还一直跟他们家说让他们盖房子。然后他说盖房子干啥，我们都在外面打工，没有人住房子就坏了，什么时候回来什么时候再盖吧。2005 年底我们就结婚了，结过婚之后，过完年我就跟他一块来新疆了。

访谈者：当时您家里有几口人，爸爸、妈妈、哥哥？

毕乐梅：哥哥结婚了，姐姐结婚了，还有一个妹妹。我结婚了就来这了。在家里也没有办结婚证，来了都一年了，才在这边办了结婚证，户口也从老家迁到了莫乎尔牧场。丈夫他们（家人）都在克拉玛依打工，家还是在莫乎尔牧场，户口也是莫乎尔牧场的。我在克拉玛依那边打工，然后就跟他们待了几年，最近才回来（霍尔果斯）的。

访谈者：当时来新疆，新疆是什么样子的？您那个时候，您那个年代。

毕乐梅：我那时候来这边，刚开始就去克拉玛依，感觉还行，那儿的城市还好，还挺干净的。在克拉玛依过完年回来，就大肚子了，在家等着生孩子，让我婆婆伺候我，就没有再跟着他去克拉玛依。过完年他就过去了，我就在家等着生孩子。2007 年，我们家那丫头 4 月 17 号出生，我生完她以后，丈夫他就回来接我了。可巧了，孩子是下午 6 点多生的，他一路上在睡觉，6 点多的时候，刚好走到果子沟，他一下子惊醒看到好多花，那时候孩子刚好落地。他从果子沟到医院花了一个多小时，然后医生把孩子抱给他，说你们家是个千金，就这样。

访谈者：当时在克拉玛依主要做什么工作呢？

毕乐梅：他主要就是跑废铁这些，就是把从单位回收的那些废旧的东西往钢厂那边拉，送到那边赚差价。具体我也不懂。

访谈者：您几几年离开克拉玛依的？

毕乐梅：2015 年快过年的时候离开的，不在那边待了。生意不好了，废铁价格都下滑了。他在那边接到工程的污水处理、土建什么的（工作），我也不知道，就是在地上埋管子之类的。他在油田那边没赚到钱，还赔钱了，就回来了。当时大女儿在那边上学上到三年级，没上完，上了半年，还要上学，我又带着小的孩子，小的那时候才几个月，过完年 3 月份我就带着他们回老家了，待了不到一年，快过中秋节的时候回来了。

访谈者：当时在老家干嘛？

毕乐梅：嗯，没干啥。我在家带孩子，丈夫他在家里帮我姐。我姐在家卖钢筋、水泥之类的，他帮她送送货、打打杂之类的。孩子在家里身上老起痘痘，可能水土不服，身上起得都是，天快凉的时候我们就回来了。回来之后我爸就生病了，半身不遂了，但是也没有人跟我讲，他们想着我带着孩子呢，都没跟我讲。2016 年底，爸爸刚好，妈妈又住院了，这次我回老家去了。2017 年，天暖和一些了才回来新疆。

访谈者：然后就没有再经常回去过？

访谈者：只有逢年过节才回去。

访谈者：当时大哥（毕乐梅丈夫）他们来新疆是为什么？是因为都在这儿吗？

毕乐梅：对。因为我公公以前在这边当过兵。复员之后人家也让回老家去了，回去一想，在（新疆）这边习惯了，就把家里人，大人小孩儿都带过来了。（丈夫）刚开始没有户口，上学时那些人都欺负（他），他又不敢上学，就去桥洞里边。他啥时候才上的户口，我都没有问清楚。后来一直都交的高价借读费上学。我婆婆跟我公公那时候种地可辛苦了，都种几百亩地，天天都抬麻袋，累得我婆婆腿静脉曲张厉害得很。

访谈者：那当时为什么没有在内地呢，反而要在新疆这样苦下去？

毕乐梅：跟他一块儿来的还有（婆婆）她妹妹，我喊"姨"的，待不住就跑了。婆婆想着，家里公公婆婆不待见，分了一亩多地，还要分四五个地方，这一点，那一点，地都犁不住，还要用锄头。再加上我公公经常出去打工，家里面就我婆婆带三个孩子，孩子一生病什么的就特别难，来这边反而要好一点。

访谈者：然后他们就再也没有回去过？

毕乐梅：嗯。他们一直在新疆，然后到1997年的时候，好像我婆婆回去了。我婆婆干活儿累得乳腺增生，就回去了，熬过了就一直在新疆待到现在。不过最后反正没分上地，到现在他们都没有地，到处打工。

二、从合作中心到酒店前台

访谈者：您什么时候到的霍尔果斯市里？

毕乐梅：2017 年才到霍尔果斯。想着在家里没有地，还得跑着打工，干啥呀？想知道霍尔果斯人家在干啥呢，就来霍尔果斯了。2017 年过完年我妈病好了，我就从老家来了（莫乎尔牧场），来了在家没待几天就来霍尔果斯了，就和丈夫他去转市场。

访谈者：当时是一家人来了，还是你们先来了？

毕乐梅：就我和我老公两个人。我们在霍尔果斯转完之后就开车回莫乎尔牧场的小队上。（霍尔果斯）这边没有房子，啥都没有，也没有租房子。

访谈者：当时您来的时候是什么情况？

毕乐梅：当时来的时候，看这儿每个人拿着包都不知道在干什么，都往合作区里面走。我进合作区看人家开店，就想着去选个房子（开店）。我妹和妹夫他们在这儿建设局上班都一两年了，他们说人家有的开店的生意还行，然后给我们选地，说弄店，就是要交租金。但是我们一直在看，也没钱，当时做工程建设钱赔了，一毛钱都没挣，欠了一屁股账，还欠人家 10 来万，上哪儿去弄那么多钱？没有钱交房租。

访谈者：您什么时候在里面找的工作？

毕乐梅：2017 年七八月份，看见人家合作区里边有招人的告示就去上班了。他好像也找个工作值班去了。我就去合作区找了个免税店，工资也不高，每月 3000 多块钱。我去上班那会儿就在（霍尔果斯）这边租了房子，不再来回跑了。反正就是租房子的钱都没有，还是跟我妹、跟我老姨借了 8000 块钱。那会儿吃饭都没有钱，锅都揭不开了。在合作区的免税店上到后来就又不让上了。它一般都是夏天招暑假工，一到冬天就要裁人。旺季一过，就不用人了，人家就走了。店主让我干了一冬天，第二年的冬天不让干了，我就带着孩子回老家了。

访谈者：您工作的时候，合作区那边那些店的生意好吗？

毕乐梅：谁知道？他们说可以。我看他们卖化妆品，一天都能卖好几万。我在合作区卖衣服，生意不太好，他们卖烟、酒、化妆品的，生意都挺好。

访谈者：您在免税店工作的时候，大哥在干什么？

毕乐梅：值班，他在后边（南国门）给人值班，现在还在值那个班。也忙，晚上也要起来巡逻，挺累的。

访谈者：他主要工作是干什么的？

毕乐梅：他在南国门那一片巡看边境线。他就是白天出来巡，晚上还要排班出来巡，还要看监控。天天都看不到他人。你看他晒得黑得很，其实他本来皮肤可白了。那黑得，我跟你说，我这

正在修建的霍尔果斯中亚风情街，宣传语写着"未来在这里"

合作中心内，哈萨克斯坦的金雕广场和免税城

皮肤跟他一比，差远了。

访谈者：这工作辛苦吗？

毕乐梅：他说累倒不累，就是熬眼，白天也巡、晚上也巡。

访谈者：您当时来霍尔果斯的时候，霍尔果斯是什么样的，跟现在有没有不一样的地方？

毕乐梅：我中间来过一次，那会儿就从克拉玛依回来（霍尔果斯），感觉没什么人。可能是2012年或者2013年那会儿，老国门那有的人拿了个小凳子，摆一点望远镜卖，卖烟，卖狼牙，那会儿还没有小木屋，就在国门路两边摆着。反正我来的时候是冬天，什么人都没有，街上也没人，感觉就很冷清。我觉得刚来的时候就这下边（卡拉苏）步行街都是土地，坑坑洼洼的，都没修平。

访谈者：那您2017年来的时候好一点了吗？

毕乐梅：2017年那会儿反正也在建设，但没有现在这么好。现在好一些了，我感觉现在好像就是经济发展了。

访谈者：那您2013年来的时候听没听过"一带一路"口号刚喊起来？

毕乐梅：听了一点。都说那时候钱好挣，（我们）不知道怎么弄，进不去，也没有头脑，不知道干什么。后来就是国家的政策比较好，管得比较严，现在都比较和谐。就是这样，国家要管一下，要不然不和谐也发展不好，经济也起不来。

访谈者：那您后来是 2018 年冬天不干了，从合作中心出来的？

毕乐梅：对。就去了维也纳酒店。到现在也没挣上钱，也没找上店。

访谈者：现在还想着去合作中心开店吗？

毕乐梅：没有。我看那边好多店都在转让，也不知道挣不挣钱，好多人又说不挣钱。又想着，你说刚挣了一点辛苦钱，如果去开个店，再赔了，我就真经不起折腾了。也在考虑。我感觉挣这一点钱也不敢投资，还想着孩子都没地方住，你看（孩子）都长大了，想着弄个房子，交个首付，先慢慢地还。你要再去把这一点钱弄个店，再赔进去？

访谈者：您还买房子了，交首付了？

毕乐梅：交了。就今年（2019）买的，开春 1 月份那会儿交的首付。这些年不是打工吗，干了两年，挣了十来万块钱，交了个首付，就在融海新城那里。还没钱装修，先买上，慢慢地还借款。我婆婆种葡萄，帮我还钱，我这心里还过意不去，她那么辛苦，还给我带孩子。

访谈者：您现在在那个酒店工作还可以吗？

毕乐梅：每月 3000 来块钱，交五险。反正具体交什么钱，我们都不太明白。说是交了五险，也没问太多。

访谈者：那如果有机会，是不是还想去开店？

毕乐梅：想着开个啥小吃店，又感觉不敢投资。还是想着自己干个店，把小的孩子接过来上学，能接一接、送一送，自由一点。不过后来我自己感觉客人还是少，自己也没有找到什么合适的（店），也不知道干什么。可能是自己也没有一技之长。反正我也没有多大的（野心），就想着能开个店，天天去掉房租，什么都去了，能挣一二百块钱，能够生活费就行，也没有想着能挣很多钱。

三、对未来的期望

访谈者：您希望的生活是什么样子的？

毕乐梅：希望的生活就是自己开个小店，能挣上生活费。我婆婆还在给我带孩子，那么辛苦。弄上房子以后，我也不让她干什么活儿了，也不让她辛苦了，能在这边给我送送孩子就行了，我这边挣上钱就行。感觉她辛苦了一辈子，是特别豁达的一个人，挺好的一个人。

访谈者：也没想发大财之类的？

毕乐梅：也不想发财了，孩子都好好的，好好学习，就这样。你想，你一没有学问，二没有钱投资，你也发不了什么大财。可能比较早的、比较能抓住机遇的能挣一些钱。像现在，你在里面开店，也就是那一两个月的生意，房租也比较高，霍尔果斯（的生意）就是季节性的。

访谈者：您在这儿的几年里，这边人越来越多吗，有这个感觉吗？

毕乐梅：有。人比以前要多，以前不怎么看得到人。可能慢慢地国家的扶持政策起来了之后，霍尔果斯应该会发展得更好，可能未来也有发展前途，挺好的。

访谈者：那您觉得现在的生活还行吗？

毕乐梅：现在的生活主要是打工，忙着，照顾不到孩子。大的孩子让她住校了，小的还是我婆婆带——我婆婆毕竟岁数也大了。主要是能有一个稳定的工作做着，把孩子、我婆婆都接过来，这样就行了，就是这些。你说孩子上初中、高中，反正用不了多少钱，再有个五六年，上大学，那就都要用钱了。赶快找机会，希望能有机会挣钱。丫头说没房子住，我说如果有房子住了，让小朋友、同学也在她家玩一玩。孩子看到别人有的，她心里总归有一点她也要有的感觉。

访谈者：那有没有想要回去？

毕乐梅：回老家是吧，你说回家干啥呢？回家也是出来打工，家里面的几亩地也不行。主要是回家不知道干啥，也不知道发展啥。像我妹在家，也是出去打工，去上海那边打工。我是想回家，父母都在那边，可是我回家也不行，孩子户口都落这了，都在这边上学，回家孩子也没户口。反正想着孩子都在这上学了，户口都在这，就必须要在这儿。也不知道以后啥情况，反正现在一天挣个几十块钱，水电、生活费挣到了。在家里闲着不是也没人给钱嘛。

访谈者：您平时也没啥业余活动？

毕乐梅：没有。如果是出去有业余活动的话，毕竟要花钱。比如说出去吃个饭，你是不是得二三百、三四百地花，你不能老是吃别人的是不是？不管叫你干啥你都要花钱的，所以就没有这些活动。平时就看看手机，回家有时候洗洗就睡了。

访谈者：您有时候会觉得无聊吗？

毕乐梅：没有。感觉挺充实的，能把孩子养好就行了。

访谈者：您觉得现在生活有什么不方便的地方吗？

毕乐梅：不方便的？就是那个护照的事儿。这里不让办护照，然后派出所老是打电话说让我把护照拿回去。①（城市发展）也不太成熟，你看也没有什么大的商场。医院也不完善，我们看病都跑伊宁市、霍城县，这边新医院在盖，可能到时候会好一些。反正好多游客来了问你这哪里有大商场？我们说没有，也没法跟人家介绍。有什么特色吃的？也没有很多。好像上档次的那种大点的（店）也没有，是吧？要介绍就是像亚欧国际那些有民族特色

---

①　边界城市对于当地人出入境的管理比较严格，他们办理护照比较麻烦。而出入合作中心需要护照或一次性通行证，对在里面上班的人来说，没有护照是一件不方便的事情。

的地方，不过那个店也不大，是一个小店。

访谈者：您觉得您来这几年整个霍尔果斯变化大不大？

毕乐梅：感觉变得挺快的，最起码楼房建得越来越多，变化挺大的。生活的话也有变化，像以前连租房子的钱都没有，现在最起码能有租房子的钱了，比以前是好一些了。反正打打工能挣点吧，一年我俩能挣个四五万块钱攒着。也没有多长时间了，你看很紧急的，孩子上完学之后就要找对象，你要给人家弄车、弄房是不是？大的上大学，接着就是小的上大学，小的上完大学就要给他买房子。找对象都要花钱的。我现在挣的钱弄个房子的首付，供着这个房子。现在不挣你什么时候挣？我现在都 30 多岁了，我们家那个（丈夫）1981 年的，都快 40 岁了。他干那个工作也不行，还得找个正儿八经的活儿干。你看天天晚上要执勤，白天也要执勤，（一个月）2000 块钱。2000 块钱够干啥的？他给别人顶顶班，一个月能拿 3000 多块。

访谈者：总体来讲就是不稳定，想要一个更稳定的工作？

毕乐梅：对。想着自己能干一个什么，不管是卖个菜、卖个水果都行，你像我俩一天能挣个几百块钱就行了，也不说多。然后门面房也都问了找了，就是稍微不好的地方一年房租都得两三万。弄点钱把房租交了也没钱投资了，你要投资的话还得跟人借钱。先弄个房子，有地方住，（但是）还是想着自己干个啥。你现在打的工，岁数再大一点都打不了了，人家也不要你了，是不是？现在我干活那儿，前台都是小姑娘，就我一个岁数大的，我都不好意思站在那里。

访谈者：未来有什么打算没有？

毕乐梅：就打算开个店。（合作中心）里面、外面都行。只要有生意都行，感觉里面生意不怎么好，房租太高了，我问了一下他们都说七八万一年。你想一年能挣多少钱，够不够交房租的？就那两个月的时间。（我们）一直在观望。国家有这个政策，那边可以开免税店，想着拿一个店，多少能挣一点。但看起来行情也不怎么好，就感觉好多店都在转让。以后可能会好吧，应该会好，我是希望它好的。希望它好，希望它越来越好，因为（国家）大力支持霍尔果斯，大力发展霍尔果斯，未来应该会好。

访谈者：以后可能没有什么特别大的事情，就一直在霍尔果斯生活下去了？

毕乐梅：对。房子买上了，孩子好好上学，就这些事。

访谈者：然后就在这边定下来了？

毕乐梅：对。还行吧，我感觉还行，在这里上上班，一个月两三千块钱也满足。就是想着给我们家那个（丈夫）找个稍微稳定一点的（工作），晚上能回来，能看一看孩子，这样的（工作）就行。

访谈者：嗯，谢谢您说这些。

| 访谈者后记 |

我与毕乐梅的访谈在我所住的宾馆里完成，她平时既要照顾家庭又要兼顾工作，十分忙碌，但仍然抽出时间完成了我的请求。毕乐梅如今的工作是霍尔果斯一个酒店的前台，因为签订了劳务合同，相较于上一份工作更具有稳定性。她上的是夜班，这意味着白天会有一些空闲时间，她也在积极地寻求做些兼职的机会。我调研期间是当地的暑假，她的两个孩子都在身边，我和他们有所接触，深感毕乐梅是一位非常合格的母亲，她抚育的两个孩子都天真活泼，他们的懂事乖巧透露出家庭里良好的教育。

她的小儿子和大女儿分别就读于霍尔果斯丝路小学和霍尔果斯口岸中学，仍处于义务教育阶段。当前霍尔果斯市的义务教育学校办学条件和育人环境良好，每一位适龄儿童都能接受公平且有质量的教育。2020 年，霍尔果斯针对市内情况，最新发布了加强义务教育阶段控辍保学工作的实施方案，通过教育扶贫、精准脱贫，全面提升建档立卡贫困人口受教育水平，确保义务教育入学率和巩固率逐年提高，小学、初中适龄儿童少年入学率达到100%，适龄残疾儿童少年入学率达 90% 以上，小学、初中义务教育巩固率均达到 97% 以上。[①] 毕乐梅的女儿在学校可以得到免

---

① 《关于印发〈霍尔果斯市进一步加强义务教育阶段控辍保学工作的实施方案〉的通知》，新疆霍尔果斯市人民政府官网，索引号 h001-30/2020-0506001。

费的乐器和舞蹈培训，处于义务教育阶段的学生也可以免费乘坐公交车以及获得"哺育牛奶"——2019 年霍尔果斯市共发放哺育牛奶 77.45 万袋，覆盖全市 19 个村（社区）及 24 所学校（园），惠及 0—6 岁幼儿 1773 名、小学及初中阶段在校生 4540 名。[①] 新疆的其他地区也会免费提供这些资源。目前，在学生的培养上，许多年轻的援疆老师都付出了巨大的努力，在提高学生们成绩的同时，更加注重他们的素质发展，这也使得我在那儿所见到的孩子们都同毕乐梅的子女一样活泼可爱。

"流动性"是每个边界城市的特点，对于大力发展旅游的霍尔果斯来说尤是如此。这种属性在带来经济发展的同时，不可避免地为有志于长期居住的人们带来了迷茫和不安。毕乐梅代表着众多从莫乎尔牧场到城市中拼搏的人，他们清算每天的收入，积累一点一滴的努力，对未来饱含希望，但同时内心深处隐约忧虑，稳定而持久的安全感在这里不被年轻拼搏的人所拥有。但流动带来机遇，人们在不稳定中成长。在一座新兴的西北城市里，也正是持有梦想的这一批人，在时代的洪流中争游向上，在看似平凡的生活里体会到隐秘而珍贵的幸福。

---

① 《关于对霍尔果斯市 2019 年"五大民生工程"完成情况的公示》，新疆霍尔果斯市人民政府官网，索引号 h001-30/2019-1125003。

三、在前往西藏的路上停下来

——卢群口述："我一看，机会比在内地多"

时　间：2019 年 10 月 14 日

地　点：新疆霍尔果斯，卡拉苏河步行街，一家餐厅

访谈者：吴俊杰

| 访谈者按 |

霍尔果斯口岸同其他口岸一样，跨界贸易和得天独厚的地理位置既成了游客的"购物天堂"，也为一批人提供了实现依靠做生意"发财致富"的梦想。大大小小的免税店装点了这座城市，来合作中心开店逐渐成为许多人的选择，存在于口岸的各色店铺撑起了众多奔波者的生活，带动着霍尔果斯蒸蒸日上。

卢群今年 45 岁，山东人，为人热情，外向善谈，戴眼镜，看起来比实际年龄小很多。我在合作中心南侧的停车场第一次见到她，柔柔弱弱的样子十分轻易地将她与别人区分

开来。卢群与丈夫是山东老乡，在家里一起开了二十年的工厂。2016年，工厂因为环保检查不过关而关门，如今所有的机器都在厂里闲置着，卢群表示未来可能会将它们便宜处理掉，但现在仍不可知。卢群的丈夫在工厂停业那年就离开山东到外地打工，出发时准备到西藏打拼，在前往西藏的路途中用完了从家里带的1000块钱，机缘巧合下停在霍尔果斯。在这里，卢群的丈夫开始白手起家，很快就从合作中心内发现了商机，于2017年租了一家地下室的店铺，一直运营至今。卢群丈夫的店铺主要经营哈方特产，除了烟酒，绵羊油和骆驼奶也是备受游客欢迎的商品。2017年7月，卢群随丈夫第一次到霍尔果斯，因为觉得离家太远，10天后选择回家。2018年5月，卢群又一次到霍尔果斯，这一次，她选择留下来，在霍尔果斯帮助丈夫做生意。

在我与卢群的接触过程中，她一直以非常积极向上的态度面对生活，无论是在家乡还是在霍尔果斯。卢群从始至终都在为自己的梦想努力，在家乡时全心投入包子铺，在口岸时则努力协助丈夫经营店铺，她是霍尔果斯众多梦想开拓者的其中一位，在实现自己理想的同时，也成了建设霍尔果斯、促进口岸经济的中坚力量。总体来说，对卢群的访谈重点在于她多次往返霍尔果斯的人生经历和对当下生活的看法，从中我们可以看到霍尔果斯口岸对人们的吸引力，以及口岸具体为这些人提供了哪些实现理想的机会。

一、一到霍尔果斯

访谈者：您来霍尔果斯之前是做什么的？

卢群：开厂子。那时孩子还没有上学呢，我们就在厂子里住，从 2001 年开始，住了 15 年，住到 2016 年的时候不干了，操心呢，太累了。我们刚开始是卖油，柴油、汽油，那时候赔不了钱，因为都有经验，到卖大理石的时候，刚开始赔钱。

访谈者：干了几年之后卖大理石？

卢群：七八年。干大理石三四年基本上不挣钱，就赔钱。用的石料又不行。卖呢，人家看我们是新手，有的人就骗我们。但后来好歹是挣钱了，2016 年搞环保又关门了。

访谈者：那个厂子的地是买的？

卢群：租的，村里的，每年交房租。因为我们东西现在还在那里，我们要交租金。村里的租金不是特别贵，几千块钱，如果要是上万我们就不交了。但是机器又卖不了。

访谈者：那机器留着咋办呢？

卢群：慢慢卖。要是重开的话那要投资，投资那么大，环保要达标才行，可是我们没钱。

访谈者：大哥先去的霍尔果斯是吗？

卢群：关了（工厂）之后他就过来了。我记得很清楚，就是（2016）4月23号走的。他刚出来的时候就想着让我一起，我就不想来这么远，我就在家待了一年。在家我干什么呢？在一个蒸包店，我蒸包子。那店现在不开了，我在那里干了一年才过来的。那时候他就想着跟我离婚，我儿子着急，他不希望他父母分开。

访谈者：您第一次到霍尔果斯是什么时候？

卢群：2018年，去年的时候过来的。去年的时候我公公去世了，7月份去世的，但他坐飞机回老家也没赶上，公公就咽气了，（公公）是脑梗。到去年7月份，他出来一年半了，就回去接我。他本来是要到西藏的，因为身上没钱了没去成，就来（霍尔果斯）这边做生意，就在这边住下了。

访谈者：他来了多久就开始做生意了？

卢群：他来了有大半年吧。做生意也是挺要成本的。他不愿意一辈子给人家打工，他觉得别人能当老板，他为什么不能？他是一个挺要强的人，也是挺能干的，他就想着开个店自己干。

访谈者：他去接你的时候已经开始开店了是吗？

卢群：对，那时候他就开始开店了。他来接我的时候停了一些货，因为他要搬仓，还要等一个星期，但我不去，他催不动我。我也是挺生气的。我儿子也劝我，让我来。我记得特别清楚，（2018）7月17号我跟他来的，那天正好是七月初七，七夕节。我儿子自己在家待了两三个月，我儿子挺独立的。我跟他过来了，待了一个星期。那时候我在蒸包店干，还没辞职，老板一直催，问我咋还不去上班，他不知道我到新疆来了。我说家里有事儿，过几天就去了。我还想回去干。7月17号来的，7月27号回去了，就待了10天。我在这边待不住。

访谈者：他当时来这边有房子吗？

卢群：有。我那时就跟他说，他住的地方不行，没有卫生间，又脏。我知道他都记到心里去了，现在搬到这边有卫生间，还好一点。我（当时）跟他说，再住那样的房子，我说什么也不去了。有时候我也是有点过分。

访谈者：当时来就帮他做生意了吗？

卢群：没有，我就在这儿玩了一个星期，就在店里玩。因为我心思不在这里，每天都想着回去，不想干。有店员有事儿请假，他让我替他看了两天店，我就替了两天。

访谈者：当时还是雇人？

卢群：对。当时雇的人，我根本没想在这儿待。我就跟我儿子说，你给我买票，赶紧买票，包子店还等着我呢。你知道吗，当时走的时候，早上起来（我）让他（丈夫）给我买票，我要走。我也挺绝情的，心也挺狠的。我说你把我送到汽车站，就出20块钱，让他送到伊犁火车站。（他）不送我。你说新疆这么远，我第一次来——他心也是够狠的，他扭头就走了，不管我了，当时我的泪就下来了。我肯定也生气，他也生气。但是我一看他，看他的背影，觉得他也很可怜，当时也心软了。但我还是硬着头皮下决心说，不在这儿待。

访谈者：当时为啥不想在这待呀？

卢群：我觉得我有自己的事。这20年，我在厂子里待够了。你是不知道，那厂子里又脏又累，我当时就说我的青春都奉献给厂子了，我太亏了，他（丈夫）终于走了，我终于有自己的工作、自己挣钱了，你看，我也有自我的价值了。我觉得我自己有价值了，就想回去（蒸包店），我不想在（丈夫）后面干了，已经干了一大堆了。所以就这样，我说什么也要（自己）工作，我不想跟着他。他这个臭皮匠，我终于摆脱他了，我轻轻松松地过多好呀！（我）觉得那时候过得特别轻松，每天自己挣的钱，想买什么就买什么，没有说我的（人），一个人吃饱全家都不饿了。

访谈者：当时孩子不在上学吗？

卢群：当时孩子已经上高中了。学费都是他爸出。他（丈夫）往家里寄钱，他管他儿子，得管儿子，就这样。他当时走的时候，站在外面，我看到他背影，他不看我，当时我又生气，又觉得他挺可怜的。但没办法，因为已经答应老板了，我得回去，我一门心思就是回去。我就回去了。回去我又干了半年。过了半年蒸包店的老板娘要生孩子了，我的事业到尽头了。咋弄呢？没有东西可干，再去别处打工也不想干了。我儿子说让我在家等着，他领着我去找他爸。我儿子挺独立的，他好像挺成熟的，他老是觉得我心里想的就跟小孩一样。

二、再到霍尔果斯

访谈者：所以您又来了霍尔果斯?

卢群：对。今年（2019）5月1号，我来这帮忙，他们都不看好我，但是我还是就干了，也没丢东西。他们都说，没想到他老婆还挺能干的，我还干得挺好。因为他们都不知道我在老家的时候特别能干，实际上我挺下力的。在我们村下地干活儿的根本没有多少，我妹妹知道，她说看看我，在城市里干的活儿有时候跟男人一样。你知道煤气罐，我们那个时候还挂着气，要倒气，放在凳子上，（我）一下就给它搬过去了。逼得没办法，我就那么能干。

访谈者：是，你们也吃了不少苦。

卢群：我儿子是1999年出生的，他两三岁还没上幼儿园时，就跟着我去厂子里住了。我们结婚第二年就搬走了，在家里盖的房子没人住。从小我儿子就特别懂事，他看我跟他爸干活儿也挺累的，所以他挺理解的，他就想自己挣点钱，不想问家里要钱。一看我跟他爸又是感情不好，又是闹离婚，他就不同意，他就劝。他知道劝不动他爸，只能劝我，让我来找他爸。我心疼我儿子，

霍尔果斯免税城的地下批发商铺，人们都很忙碌（作者摄于 2019 年）

没办法，我就过来了。

访谈者：您这次来感觉有啥不一样的？

卢群：反正我来的时候，我老妈就说如果他（丈夫）对我不好，就马上回去。（但是）他肯定对我好，最起码有一个亲人跟他在一起，你看他以前都是孤零零的。而且他一个人在外面吃也吃不好，（现在）都是我做饭，他肯定高兴。

访谈者：这次为什么又能待这么久？

卢群：我一看挣的钱比（在家）高了。我来的时候就跟我儿子说了，我冲着钱来的。交学费，我儿子一交就好几千，六七千，反正大头都是他爸出。我儿子知道我挣得少，他就是买点衣服，要两三百的小钱，跟我要，要大钱找他爸。我儿子分得可清楚了，他不朝一个人身上要，找这个要了，再找那个。（我）就想着挣钱，你知道吗？所以我倒还好，我（现在）自己又不是挣不了钱，又不是养活不了自己。

访谈者：第一次来其实你还不太了解他（丈夫）在干什么，是吗？他也没告诉你挣钱吗？

卢群：没有。因为我先前（心）不在这里，所以根本不想（了解）。以前他自己来的时候，他挣钱了就跟我说，半夜12点以后给我打电话。这边天黑得晚，但是我在（老家）那边早就睡得迷迷糊糊的了。而且他每天给我打电话让我来，讲这里多么好，这里挣多少钱，说我蒸包子早晨4点就要起床，我干那些多累。那时候我不理解。我要早过来我就发财了，知道吗？

访谈者：他来的时候是 2016 年、2017 年？

卢群：2016 年过来的。那个时候比现在要好很多，那时候你大哥卖烟，一天都卖好多箱。去年我 7 月份来的时候，还有皮草呢，到腊月我来的时候皮草就已经没有了。

访谈者：但是现在即使不行，也比内地好挣一点吗？

卢群：对，我也觉得现在比内地好挣一点。你看我现在干一个月最起码 5000 块钱左右，在内地就没有这么多。我在包子店蒸包子的时候，早上 4 点就去上班，有时候忙到下午 4 点下不了班，12 个小时，他才给我多少钱你知道吗？刚开始去的时候一天 60 元，一个月 1800 元，慢慢一个月每天给我涨 10 元，到 70 元、80 元，最高涨到 80 块钱（一天），一个月 2400 元。

访谈者：你在这干一个月就是你在那的两个月了。

卢群：对。虽然远一点，但是我们可以攒下钱。他在里面卖东西，他挣了钱自己拿着，他挣他的，我帮他，我挣的钱自己拿着。

访谈者：他很早就出来闯荡了，对吗？

卢群：就是。他不愿意待在家里，所以他就特别能干。你知道吗？实际上他是挺正直的一个男人，就是脾气不好。有时候他的想法挺稀奇古怪的，但是他的想法还真是不错的。到最后你看，还是我妥协了，我跟着他过来了，他的想法还是比我的正确，是吧？他在家里成天说我鼠目寸光，就看眼前那么一点点，得向远处看才行。那两天在老家我还在想，多亏包子店不干了，他要是还干的话我肯定还不过来，觉得特别可笑。

访谈者：现在生活还可以吗？

卢群：反正还行吧，应该是越来越习惯吧，比去年强多了。

访谈者：去年刚来的时候啥都不习惯？

卢群：对。那时候就恨不得早回去，就觉得这么远，心里接受不了。主要现在以钱为主了，也不觉得有啥了。你存钱了，什么心里舒不舒服都是次要的，因为每天看到钱都涨，心里高兴，你知道那种滋味吗？我的钱是你大哥天天给我打过来的，你大哥给我开工资是日结的。

访谈者：看来到这边都能赚到钱。

卢群：就是这样。所以才有这么多外地人，你看看这周围都不是本地的。只要你脑子活一点，就能挣钱。反正霍尔果斯比内地机会多太多了，国家又往里面投钱。我每天见到不少人，大部分年纪都可大了还往里面跑，挣着钱，跑得还开心，聊天也开心。人家在霍尔果斯生活了几十年的也有，有的还有退休工资，精神都好得很。

访谈者：那你未来就在这里吗？

卢群：也还不知道，看你大哥咋想的吧。我其实也想回家找个正式工作，但是这里挣的钱多，还是不可能回去的，回家也是到处打工，就是比这里安稳一点，可是钱又少。

访谈者：您平时有空的时候有没有在霍尔果斯到处转转？

卢群：这里变化挺大的，我第一次来的时候没这么热闹，步行街也没开，旁边哪有这么些店？这次来看着多了太多人了。不过我也没有咋到外面转，平时忙完回家，给他做个饭，收拾收拾就睡了。有机会肯定也多出来走走，把这周围的饭馆啥的都吃一下。

访谈者：你觉得整个霍尔果斯的发展怎么样？

卢群：都说这里发展得好，有钱挣，我来之后也确实是这样的，有力气有脑子不愁挣钱。就是生活不太方便，店也没有家里面的多，买衣服啥的都不是很方便，也没有啥玩的地方，平时大家都在家里。不过这里环境是真好，空气也好。天黑得晚，我刚来还不适应，现在觉得黑得晚也好，白天能做很多事。

访谈者：再过一段时间天冷了，是不是你在这儿过的第一个冬天？

卢群：对，正经地说是第一个冬天。去年天冷的时候我也在这儿，但是待的时间比较短，这边冬天还是很冷的。我们现在住的地方马上就要拆了，附近就那一排小一点的老楼，看起来不好看，马上就要拆了盖高楼。我们就要搬到新家里，离合作中心远了点，不知道冬天能不能扛得住。新家就是一个写字楼，不像家，但是它便宜，我们现在租房就是以省钱为主。

访谈者：今年过年还回家吗？

即将拆除的小区（卢群提供）

卢群：肯定是要回家了，就是不知道啥时候回去了。霍尔果斯这边只要你不走就一直都有活儿干，也不舍得走那么早。可能要到过年前一两天再回去吧，然后年后再赶紧回来。他觉得在哪都一样，我跟着他也要在这。想着挣钱我还是能留下来的，而且也很开心。

访谈者：非常感谢你分享自己的故事。

卢群：我跟你说得也开心。我感觉和你挺投缘的，等你离开霍尔果斯，要是在哪有机会再见面了，还能再聊。

| 访谈者后记 |

我在霍尔果斯期间，卢群每天早上十一点左右去合作中心，相比丈夫的上班时间要晚一点，一直忙到晚上八点左右回家，期间很少休息，午饭也简单对付过去。回家之后完成查账等一系列必要流程，他们往往两点才能睡觉，这种生活习惯在霍尔果斯的生意人中十分普遍。此外，在外拼搏的人们还要惦记着家乡的许多事情，而这也是选择生活在霍尔果斯的人不可避免的问题——在遥远的家乡和如今生活的地方来回奔波。

2019 年 9 月中旬，卢群在回家乡和留在霍尔果斯之间犹豫了很久之后，最终选择回山东老家帮家人干完农活儿后再回来。彼时霍尔果斯的生意仍然很好，她的丈夫不得不暂雇一个人帮忙打理店铺。半个月后，卢群返回霍尔果斯，她得知我将在最近返程，便抽空为我践行，并接受了访谈的请求，我们约好在她家门口见面。我再见她时，她比以前更瘦了些。

她住的地方名为"四川酒家"，小区里面是一排连着的五层楼居民房，因为房子老旧，租金便宜，里面的租客绝大多数都是来霍尔果斯打拼的人，卢群和上文提及的吴世琴都住在这个小区里面。2019 年 10 月，租客陆续离开这里，因为这栋与周围高楼格格不入的旧楼房即将被拆除，未来在这片土地上将兴建起一栋新的商务楼。我回到北京之前卢群并没有搬离这里，她跟丈夫还没有找到价钱合适且位置距离店铺较近的房子。十一月份我再与她联系时，他们已经搬到了位于霍尔果斯城市边沿的一栋写字楼里，那里并不是居民房，居住条件比较苛刻，但是租金低廉，卢群和丈夫认为生活质量可以低一点，年轻人不怕辛苦，只要能挣钱就行。

十月份我离开的时候，西北的天气已经开始转冷，卢群即将正式迎来在霍尔果斯的冬季。然而无论多寒冷，他们依然每天出入合作中心经营生意。霍尔果斯的冬季同时也是霍尔果斯的旅游淡季，旺季时风风火火的生意到了这时候开始慢慢地降下了热度，如何保持霍尔果斯冬季旅游的活力不仅是店铺经营者所担心的问题，也是管理者操心的问题。不过让人欣慰的是，每年霍尔果斯市都较为重视激活冬季旅游的热情，并能够策划特色的主题活动唤醒人们淡季的旅游欲望，较为知名的活动包括"第十三届'雪之恋'冰雪文化旅游节暨霍尔果斯冬季旅游购物季"①。在政府、旅游局等各方的努力下，霍尔果斯淡季的生意得到了保障，卢群夫妇的店铺并未受到很大影响。

---

① 《关于印发霍尔果斯市 2018 年冬季旅游购物季活动实施方案的通知》，新疆霍尔果斯市人民政府官网，索引号 h001-30/2018-1213004。

而今逐梦边疆，也曾心向往之

——刘林君、王坤、刘启凡口述

┃访谈者按┃

霍尔果斯目前有霍尔果斯口岸、中哈霍尔果斯国际边境合作中心、霍尔果斯经济开发区和霍尔果斯市"四块牌子"。其中，中哈霍尔果斯国际边境合作中心是中国首个跨境合作中心，更是中国西北对外经济交流的"桥头堡"。合作中心自 2014 年封闭运营起，每年的通关量持续上升，至 2019 年已达六百万人次，逐渐成为霍尔果斯最具影响力的"活字招牌"，围绕它而兴起的旅游和销售产业带动了整个霍尔果斯市的经济。

合作中心实际包含两个区域，一是上文提及的 5.6 平方千米的地方，其中中方区域为 3.43 平方千米，哈方区域为 2.17 平方千米。里面的商户已经达到了 3500 多家，营业形式分为"内销"和"外贸"两种，前者面向中国游客，后者面向哈方等周边国家的人们。这里也是当地人主要活动的地方，几乎大半个霍尔果斯的人都出入过合作中心。另一个则是霍尔果斯南国门旁边的配套区，规划面积为 9.73 平方千米，重点围绕保税加工、保税物流和保税仓储三大功能进行产业布局，一开始的设想是为了实现"前店后厂"的优势，但招商引资不到位，这一目标的实现任重而道远。

　　总体来说，霍尔果斯的就业机会较多，生活压力较小，在国家的持续关注下具有极大的发展前景，这些属性使霍尔果斯成为人们逐梦的地方，不少人心向往之。下面三位口述者年龄都在三十岁左右，最小的一位合作中心管理者只有24岁，他们为霍尔果斯的发展倾入了新鲜的活力。本章节所要呈现的正是当前年轻人眼中的霍尔果斯，其中主要集中在中哈霍尔果斯国际边境合作中心，这里为他们提供了奋斗的平台，他们在这里施展抱负，成就自我。本章节的三位口述者分别是合作中心管理办公室的工作人员、面向中国人做"内销"生意的商户和面向哈方等国家做"外贸"生意的商户，通过他们的口述，我们能够了解合作中心里面的运营和管理情况，同时能看到合作中心对霍尔果斯发展的影响。

一、毕竟合作中心是霍尔果斯的金字招牌

——刘启凡口述："不忘初心，牢记使命，我们要跟着党走，服务群众"

时　间：2019 年 8 月 10 日

地　点：新疆霍尔果斯，卡拉苏河步行街，咖啡厅

访谈者：吴俊杰

| 访谈者按 |

在开始正文之前，我首先要感谢原霍尔果斯街道办书记、今霍尔果斯合作中心管理办公室主任梅启定为我提供的支持，经他介绍，我由此能够访谈到一位霍尔果斯合作中心的管理人员——刘启凡。这位访谈对象的户口属于霍尔果斯市旁边的兵团，他 1995 年出生，2017 年 2 月考到合作中心管理办公室工作。刘启凡本科就读于江苏徐州，毕业后没有留在内地，而是选择回到家乡工作，再次回到新疆的情感选择里面掺杂着他个人对于边疆发展和家乡建设的美好愿景。

　　我通过梅主任与刘启凡认识，他对于我们的研究十分感兴趣，并在各方面给了我们支持，帮助我们加深了对合作中心的认识和了解。刘启凡为人真诚，工作认真，他的积极态度使我们看到霍尔果斯这座城市不仅有已经在此生活许久的居民，还承载着一代年轻人的活力。正是这些新鲜血液的不断涌入，才得以在戈壁滩上浇筑出一个现代文明城市。在与刘启凡的交谈中，他仔细而全面地向我讲述了作为霍尔果斯市经济重心的合作中心是如何运作和发展的，以及中哈双方是如何互动的，我将尽力把它们准确地转化成为文字，并向大家呈现一位胸怀抱负的年轻人的想法。

　　一座城市的建设需要所有参与者的共同努力，而作为管理者，其角色作用更为重要。这是选择访谈刘启凡的原因之一，我希望能够从管理者的角度看到他们在建设口岸中的举措和所做出的努力。此外，刘启凡的访谈内容为我们提供了另外一个视角，即站在较高的视野中看待霍尔果斯口岸的相关制度和规定，这与普通民众的视角相互印证，有利于我们更加全面地看待口岸的发展。

一、合作中心基本情况

访谈者：您现在属于"合管办"，全称是"合作中心管理办公室"吗？

刘启凡：对。合管办的职能部门是属于（口岸）管委会的，是（新疆）自治区直接授权给霍尔果斯政府管理合作中心的，霍尔果斯政府授权给合作中心管理办公室。合作中心是两国元首创建的一个项目，当时签了两国协定，哈方的事情哈方管，中方的事情中方管，写得很清楚。

访谈者：合作中心里有专供游客游览的"观光车"，它们是哈方牌照，这样的车归哪方管呢？

刘启凡：情况是这样的。现在由于通关限制，通关的速度有限，导致游客比较少。（合作中心）中方境内有 3500 个商户，5000 多个人，高峰期游客可能是 8000 到 10000 人，平均每个店一到两个人。哈方就觉得他们商场的客人很少，哈方开店的人就把车开过来拉客人。这些观光车在哈方境内时归他们管，如果开到中方境内，则受中方管制。

访谈者：哈方那边店铺的注册流程跟中方不一样吗？

刘启凡：真不知道，那边完全不熟，他们的东西不会告诉我们。

访谈者：但是那边的开发商也是中国人，是吗？

刘启凡：管理他们的政府是哈方，哈方政府定的注册（流程）什么的。中方和哈方双方都比较独立自主，也都有各自的规划和管理措施。我们也在积极地促进彼此的交流沟通与合作，多举办活动。现在经常进行会晤，（解决）两方碰到的问题，共同发展。

访谈者：跟中方政府？

刘启凡：中方政府和哈方政府进行会晤。但是哈方政府委托了一个公司，对他们哈方合作中心进行公司化管理。公司化管理就比较看中利益。我们也成立公司了，合作公司是今年刚成立的。总公司成立是在 5 月，下面四个分公司成立都是在 6 月、7 月，都是在霍尔果斯，第一个是跨境电商公司，第二个是物流供应链公司，第三个是服务公司，第四个是公交车公司，这四个子公司也对合作中心进行公司化管理，就是政府以公司形式对一些（事务）进行管理，比如说公共服务，物业管理什么的。

访谈者：哪些方面体现了公司化管理？

刘启凡：一个就是服务方面。咱们举个例子说，合作中心的物业我们以前承包给物业公司，让他们去清理东西，他们会有这个事那个事去推脱，而且让他们清理垃圾的话，通关进不来。因为他们是外界的公司，还要我们去协调进出关的事情。如果是我们自己的公司来的话，干就行了，有什么要清理的，树枝、垃圾我们自己就清理了，不用帮他们协调，是这个意思。就是我们自己成立的公司，我们跟他们各方面比较好沟通。委托别的公司的话，还得别人找他们，他们再找我们，我们再去沟通，中间要（多）很多步骤。现在我们就直接一对一地沟通了。

访谈者："合管办"现在每天都负责什么？

刘启凡："合管办"近期并入了口岸管理局，主要有通关科、经济发展科、建设科，市场管理局，综合管理大队，综合办公室等科室。其中通关科第一任务是协调边检和海关通关，比如记录每天的通关情况和通关人数等通关数据。边检也记录通关人数，他们是系统自动生成每天进出的人数。通关科要向边检人员询问数据，自己再用表格记录和汇总，最后形成每年每月的增长率对比。有什么重要会议和节日，领导检查时，协调一些施工车辆、建筑工地需要的进车、企业需要的进车，或者里面打扫卫生的一些环卫进车，通关科给他们开函，证明他们可以进或需要进，开完函后给边检和海关人员，他们再放行。通关科的人每天都在通关大厅里面负责协调，如果有堵塞等类似的情况，就会上前协助。

访谈者：海关主要负责什么？

刘启凡：海关是管货物出入境的，边检是管人员出入境的。我们合管办主要是管中心连接事务，任何事务都归我们管，出关、通关我们管，维持秩序里面所有事都归我们管。

访谈者：海关不管人员出境吗？

刘启凡：也管，在出入大厅里，那是他们的管辖范围，海关的边界，其他的位置都不归他们管。因为现在合作中心实行的是

"一线放开、二线管理"的管理制度,"二线放开"的话,管理退到二线了,退到合作中心里面了,海关边界退了,从边境线退出来了,退出来的范围把它围起来就是自由贸易区了。

访谈者: 在霍尔果斯南国门旁还有合作中心的配套区,是干嘛的?

刘启凡: 当时建立配套区就是想把现在的通道经济转变成实体经济。因为基本上我们现在是通关,从这儿公路口岸、铁路口岸出去的货物量特别大,我们现在就是想把它办成实体经济。以合作中心为例子,比如说销售产品,你要转换过境,还要有过海关边境、过查验才可以的进货路线,如果我们就在(配套区)那边建立厂子,招商,招一些人过来,直接在那儿生产,或者直接在那儿包装,直接进口东西,就不用车拉那么远,还得过很多查验。所以说配套区当时是这么设立的,设立以后给公路口岸、铁路口岸这些产业做一些实体经济。(但是)合作中心还没有开始。

访谈者: 你们有什么优惠政策?

刘启凡: 优惠政策不是很大的话,吸引不了他过来。比如退税,以前是有,后面就取消了。原来有蛮多企业的,但走了好几家了,因为优惠政策刚开始不是太大。现在实体经济也在推行,但目前整个霍尔果斯的建设重点集中在基础设施上,比如说街道拓宽,建立地下通道和路面上的护栏等。先将城市的基础设施建设好,让人们住得舒适,再更好地发展经济。

霍尔果斯独特的地下通道，有许多国门标志和宣传语

隔着中哈边界的栏杆，看见的哈方景象

访谈者：现在好像在打造一个旅游休闲的城市？

刘启凡：嗯。

二、合作中心通关现状

访谈者：跟两年前比，现在进来的人多还是少？

刘启凡：多。从 2012 年 4 月 18 日开始通关运营以来，每年人数增长比例特别大。2014 年是 100 多万人，2015 年就 400 多万了，到了 2015、2016、2017 这三年，都是四五百万人，2019 年上半年就已经是 270 万，现在的数据我还没看。今年应该还是500 万，因为上半年不是高峰期，下半年是高峰期。

访谈者：通关大厅的安检近几年有没有变化，一直都是这样子的？

刘启凡：一直是这样，有一个边检检查的规定。

访谈者：我看进去（联检）大楼的门口，那个安检机好像是不用的。

刘启凡：现在外面那个不用，里面跟它配套的也没用。现在外面在修大厅，把安检大厅修起来以后，再装安检机，就是为了避免重复的查验，节省入关时间。旁边有指纹通道，所有人都可以去备案的，只要把指纹输入备案了，身份证备案在那边了，都可以走指纹通道。周一到周五的上午都可以去录指纹，在联检大楼的二楼。

访谈者： 走那个是不是快一点？

刘启凡： 走指纹通道的人还是比较少的，早上商户用得比较多。商户早上入园的时候基本都是录指纹进，自助查验数据传输得快一点，人工查验还要打字。指纹通道录头像，人脸识别，很快就过去了。

访谈者： 但是用的人特别少，知道的人也特别少？

刘启凡： 不少，我们都在宣传。因为游客不知道，所以我们在各个酒店都在宣传，不管是入关时间还是什么，酒店前台都有一个宣传小册子。毕竟合作中心是霍尔果斯的金字招牌，大家都去，所以宣传力度还是蛮大的。

访谈者： 效果好吗？

刘启凡： 游客去一次两次不会录指纹的，只是商户用得多。但是通关时间的宣传大家都知道了，比如说我们现在通关时间是9点半开始，内地的人六七点去就没开门，看到通关时间宣传后就9点半以后去，确实挺好的。

访谈者： 里面商户用的是一年的通行证？

刘启凡： 对。有的用的是护照，有的用的是通行证。现在他们不怎么用护照，因为我们边境城市，要管控。

访谈者： 在里面经营，本地人多还是外地人多？

刘启凡： 一半一半。因为当时招商局去招商，招商过来的都

旺季时合作中心联检大楼前的排队状况（作者摄于 2019 年）

合作中心联检大楼对面的一片低地，原来是居民区，
如今修建为停车场和商贸城

带着人来，比如说房地产商过来建设的时候就把当地的人带过来了。比如说义乌商贸城、义乌小商品城，就在义乌当地招商，宣传合作中心是"全国首例跨境贸易""自由贸易区"，大家都来了。所以只能说一半一半。

访谈者：但我发现在里面的游客并不多，是吗？

刘启凡：没有。是这样的，因为通关的年设计量本来是 100 万，所以建筑体量没有这么大。跨境贸易区，更多是为了贸易洽谈、会晤，商品展示，不是商品销售这样的形式，所以设计的年通关量只有 100 万。现在年通关量比原来的设计量多得多了。六个自助通道，八个人工通道，一天的通关量最多也就一万多人，一年顶多三百多万人。为什么现在能通五六百万人？主要是现在很多商户都走自助查验通道了，所以现在能通四五百万人，如果全走人工查验通道也就三百多万人。就算一年有一千万、两千万的人想进来，也进不来，通关限制了，所以说生意不太好。确实里面的商场数量和商户的数量饱和了，这跟通关数量是成比例的，通关只能进这么多游客的话，里面的商业市场就达到饱和了，所以说没有办法。

访谈者：如果大家走自助的通道多一点，是不是通关的数量会多一点？

刘启凡：会，但是游客来一两次也不可能走自助通道。早上去办指纹，还要复印证件，录人脸、指纹。现在我们已经开始对

亚欧大陆北街，图左边为合作中心联检大楼，右边为"望疆楼"，
是当地的主要旅游地点

合作中心内 2019 年 8 月新开业的一个街区

在跨国大道上的"世界之最"啤酒屋

通关做一些工作，已经设计了增加八条查验通道，就把大厅中间的墙打掉，办公室全部打掉，休息室全不要了，重新在外面建了休息室。等到商检大厅建成了以后，只有一个安检，不用过两个安检，也节省时间了。我们做了很多工作提升通关。这么多商户，你让他们走他们也不走，他们还在合作中心这撑着，因为他们觉得合作中心确实有发展潜力。现在我们不做一些工作的话，他们就慢慢支撑不下去了，如果都走，合作中心就倒闭了。我们只有扩大通关量，多做宣传，让游客来这里，人多一些。多建一些娱乐设施，现在我们在设计。我们科室在做的，就是多写一些建议，多做一些规划，往上报，领导只要同意了，文化婚庆游、文化美食节都能有，今年 10 月 1 号就有文化美食节[①]。

访谈者：每个人购物都有限额吗？

刘启凡：每个商品买了以后都要打小票的，那个小票联到海关的系统上面，你看小票下面有金额的，买了多少钱（就显示出来），每个人的免税额不能超过 8000 元。你买东西刷了身份证，那个系统上就有你花了多少钱，买了多少钱的东西了。你出去的时候，海关一看你的小票就知道你是哪个了，一查就可以查出来你买了多少钱的东西，或者看票上的金额就知道你一共花了多少

---

① 2019 年 4 月—12 月，霍尔果斯举办了"2019 霍尔果斯中亚国际文化旅游节"，主题为"丝路四季行 世界零距离"，内容包括特色文化会演，乡村生态旅游等，具体见《丝路四季行 世界零距离——2019 霍尔果斯中亚国际文化旅游节正式启动》，新疆霍尔果斯市人民政府官网。

钱。出去都要看小票的。

访谈者：我们一天可以通关几次？

刘启凡：两次。通关的次数其实是无限的，但是海关那里第二次就不让你买东西了。有一些限制的东西，比如说烟酒一天有限额的，你第一次进买两条烟，第二次再进又买两条烟，这不行，就限制了。只能用通关次数来限制，第二次就不让你带东西了。而且你第二次去的时候，你过海关身份证闸机的时候就刷不过去了，你要他（海关）过来给你开。第二次出来之后，身份证插进去它是红的，不让过的，得海关过来给你解开，看你有没有带什么东西，限制的东西会让你退回去。

访谈者：总体来说，今年霍尔果斯挺热闹的。

刘启凡：今年稍微热闹了点，卡拉苏河步行街也放开让人们摆摊了。今年的十九大主题是"不忘初心、牢记使命"，所以说我们都是跟着党走，服务群众。

访谈者：嗯，谢谢您接受采访。

│ **访谈者后记** │

刘启凡从学校毕业后就走上了工作岗位，他年轻有活力，面对第一份工作，他以最饱满的精神面貌投入到口岸的建设之中。我调研前期，适逢霍尔果斯口岸的机构内部调整，刘启凡在各个科室里流转，对于整个口岸管理和机构设置有着较多的了解。除了平日的本职工作外，刘启凡经常要驻扎到霍尔果斯下面的牧场和团场里面，秉持着"深入基层为人民服务"的方针，与当地的农民一起劳动。作为边界的守护者，霍尔果斯的工作人员年龄普遍集中在二十岁到三十岁之间，他们年龄不大，但看起来精神昂扬。事实上，在口岸的工作是辛苦且枯燥的，其中海关和边检人员每天都要面对上万的人流重复单一的工作，而且站立的时间很多，天气炎热的时候尤其艰苦。

　　刘启凡曾说，许多人在没来新疆之前对这里的理解是不全面的，他希望人们至少能够去一趟国门，切身而真实地去感受一次。大部分人对于边界城市都有一些刻板印象，在没有深刻接触过当地生活的时候会先入为主地假设这个地方的一些不足。然而在近距离观察这座城市的时候，我在承认它不完美的同时，更加强调的是它现在所做的努力和趋于完善的态势。那些维持着秩序的年轻人从早上到深夜，守护着这片土地的宁静。西北边地的一些城市也有比较合理的城市布局、比较健全的便民服务，以及比较贴心的社区组织。在人流较多的公园里，可以看见为行人提供驱蚊水的社区服务者；在热闹的友谊路步行街上，甚至能够看见用以宣传霍尔果斯国门变迁的"文化走廊"。这些都在向人们说明，有一群人在竭尽全力地建设这座城市，而这座城市也在这群人的努力下越变越好。

　　许多事实也在证明这一点。从 2013 年至 2017 年，霍尔果斯地区的工业总产值从 2273.5 万元增加到 45548 万元，外贸进出口总额从 6.68 亿美元增加到 18.27 亿美元，招商引资到位资金从 30.34 亿元增至 45.1 亿元。[①]2019 年更是霍尔果斯地区快速发展的一年，除了经济发展之外，文化旅游也得到了大力推进——国家 5A 级旅游景区、第五代国门历史文化展览馆，中亚风情街及体育馆、文化馆、科技馆（含图书馆）"三馆"主体完工，炫彩跨国大道、极限飞球、伊车嘎善乡雪之恋滑雪场投入运营，全年旅游接待人数 777.37 万人次，实现旅游收入 142.6 亿元，同比分别增长 45.2%、46.6%。[②] 这些增长和进步来源于所有霍尔果斯成员的共同努力，同时也让人们对打造美好家园更有信心。

---

① 合作中心管理办公室经济发展科：《中哈霍尔果斯国际边境合作中心建设发展情况汇报》，内部资料。

② 《2019 年政府工作报告》，新疆霍尔果斯市人民政府官网，索引号 h001-30/2020-0315001。

二、这个地方养活了大半个霍尔果斯的人

——王坤口述："来到之后看见有地方，
我就开始干了"

时　间：2019 年 8 月 15 日
地　点：中哈霍尔果斯国际边境合作中心，乾螺湾广场，二楼
访谈者：吴俊杰

| 访谈者按 |

在合作中心内，中方生意最好的一个商场是"乾螺湾"购物广场，因为临近入口，许多入园的游客都会选择在这个商城里购物。王坤就在商场二楼经营一家店铺，主要销售哈方的一些特产和韩国的化妆品。他今年 27 岁，老家在河南，户口因为年轻时到新疆团场当兵而迁到了兵团。回顾前期的经历，王坤告诉我，他 16 岁辍学，去过温州、广东等许多地方打工，因为年龄小不懂事，没有找到一份自己喜欢的工作，

全国各地到处跑。2011 年，王坤的父亲执意让他去当兵，于是王坤当了两年的义务兵，复员后就直接分配到了霍尔果斯市武装部。2016 年春天，工作了三年的王坤选择辞职，并与妻子在 2018 年 6 月到霍尔果斯市做生意。

当下，王坤与妻子育有一女，租住在霍尔果斯市卡拉苏河旁边的楼房里，家庭温馨而和睦。他所开的店铺因为所处的位置条件不错，旺季的时候生意很好，但是和中方大部分的商场一样，旺季过后，收入便开始下滑，不过也够维持生活。2019 年 10 月中旬，王坤和妻子准备在市内购置一套房子，合作中心给他带来的机遇使他考虑长久地留下来，但同时，如果合作中心的生意不好做，他说自己也会选择离开。他的口述内容从合作中心内延伸到霍尔果斯市，涉及他的个人选择和对周围事物的看法，我将他的口述分为三部分，并对一些无关的内容进行了删减，以更好地呈现他的想法。

王坤的口述内容比较偏重衣食住行，同时也涉及娱乐、就业和医疗等方面，这有利于帮助我们全面了解霍尔果斯地区的日常生活。总体来说，王坤在不同时期做出了不同的选择，这与他当时所处的人生阶段有关。未结婚生子之前，他拥有一份较为稳定的工作，但是之后则选择辞职经商以期为家庭提供更好的生活条件。"赚钱"是他目前主要考虑的事情，

乾螺湾海外广场（作者摄于 2019 年）

他的理想以此为底色，背后则包含了整个家庭。事实上，在市场经济的背景下，许多人都同他一样，而霍尔果斯给了他们选择的自由。

一、在合作中心的店铺

访谈者：当时您是怎么过来开店呢?

王坤：那时候就想着这边也有我认识的人，就过来试一下，来了以后就在这儿开店了。去年来就是在这儿，因为这个商场是刚建的。

访谈者：当时开店有没有什么优惠政策之类的?

王坤：房租是5.3万（元）左右，去年交的房租，今年年底到期，就等于租一年送半年。刚开始来的时候没经验，生意不是很好，又慢慢学了以后，（现在）我就算入门了。反正今年钱不好挣，这两年都不好挣，难。说实话，我没有考察，来了以后，看正好有地方，直接就干了，就没有想那么多，愣头青一样直接干起来了。

访谈者：当时是怎么个流程?

王坤：来了以后我在商贸城^①外面看了看，但那里没有位置，那时候没人转店。我就等了一段时间，之后刚好这个（乾螺湾）

---

① 国门对面的低地，里面有一些商贸城，例如"欣德广场"等。

商场要开业，各方面也都（通）过了，消防也过了，一开业，我就没有犹豫，拿了一间店面。之后就开始装修、上货，就这样。刚开始上的货不是这些，那个时候没经验，上的一些货也都是发饰、银饰这些装饰的东西。最后我才发现，旅游的地方就不能卖这些东西，那些东西哪个地方都买得到。去年旺季还没完的时候我就改了，改了上这些东西（哈方特产）。

访谈者：改这些之后卖得还好吗？

王坤：做生意，新手没有经验，你肯定卖不过人家，不管你位置的好坏。进到店里面，你怎么卖？旅游的生意有技巧。一开始不知道，人家也不会教。后来自己慢慢摸索琢磨，学嘛，慢慢也就差不多了，今年生意都不好，都差不多。

访谈者：为什么说今年钱不好挣？

王坤：因为商场估计今年租的人就不多了，好多人说不要房租都不租了，生意不好做。是因为，你看，它不光是一个市场，里面哈方也有（市场），人家（游客）一进来肯定想到哈方转一下。哈方卖他们自己的特产肯定更有竞争力，那边的店铺装饰也好看，所以游客都喜欢到哈方店里买东西。他们还有许多观光旅游车，可以拉着游客到哈方境内看风景，这就又把游客吸引过去了。所以近期来看，生意就不好做，客人就那么多。

访谈者：通道口旁边不是在拆了重建吗？听说是要建更多的入园通道。

霍尔果斯的店铺大多都有这种进口工艺品

王坤：我们进来的时候天天排队。刷身份证的地方，每回我们进来的时候挤得跟打仗一样，因为它只开四个口，人工检查护照，检查一次性通行证。平均一个人检查一次性通行证的时间要15秒左右。就那几个窗口，每天平均来一万五（人），你看要过多长时间才能过去？好多游客排着排着，感觉要排一两个小时，人家就不排了，走了。所以是应该多建几个入园通道，减少我们商户的排队时间，这对游客来说也更加方便，不用再顶着大太阳排很久的队了。如果能建好，这也是个好事。有些游客进来，就到哈方那边的连接通道照个照片。连接通道连着哈方和中方，中国（的领土）这边是红的，哈方那边是蓝的，在那儿可以一脚踏两国，拍个照片。来都来了，照个照片是应该的。但是市场反正是不乐观。

访谈者：为什么大家都不走呢？

王坤：你要是前十几年过来，都把钱挣上了。相对咱们内地，（霍尔果斯）挣钱简单多了。挣上钱的还是多得很，几乎都挣钱了。来这一年（内）就把房子买了，所以大家就看、观察，因为不好也是这两年开始不好的，他们在等好的那一天。人家说霍尔果斯挣钱容易，我是想着今年干完以后再看，如果不行也就不干这些了，再到处看看别的出路。（这里生意）不长久，而且旺季时间特别短，旅游生意就这样。

访谈者：这边的店铺一年多少钱？

王坤：5.3 万（元），80 多个平方米，公摊将近一半了，你看到的这些。你看，我们现在卖东西就是简简单单的旅游生意卖的东西，全国各地的旅游生意都是这样的，时间短。这种季节性的生意在每个地方都不容易做。

二、生活和娱乐

访谈者：您什么时候来到霍尔果斯的？

王坤：去年 6 月吧，我就想着要自己出来做，就过来做生意了。

访谈者：您来到这边，生活还习惯吗？

王坤：我到哪都习惯。我妻子她刚来的时候不习惯，慢慢也就习惯了。她也是到哪都能习惯，反正是不矫情的人。她以前在国外也待过，在非洲待了一两年，也能习惯。

访谈者：那还好。前段时间您还去卡拉苏河步行街摆摊是吗？

王坤：对。

访谈者：摆摊需要什么手续不？

王坤：不需要。只要去得早，你占个位置就可以摆，都不需要什么摊位费，也不需要其他的，你只要不卖吃的，卖衣服就可以。我是第一批在那儿摆摊的，我摆的时候只有三四个摊位，到现在估计有上百个摊位了。后面我就不摆了，人太多，生意不好，在那耗着也是耗着。刚开始还行，一天卖个几百块钱，还能挣个生活费。现在什么都让卖了，摊太多了，卖什么的都有，玉石、吃的、用的、喝的都让卖，就不好。

访谈者：那平时如果不干这个，您晚上下班之后有什么娱乐？

王坤：没有。平常我8点钟左右下班回去，9点多到家，然后买菜，做饭，吃完饭就十一二点了。回去还要给娃娃洗澡，自己洗澡，还要洗衣服，洗完以后一两点了，也就直接睡了。早上早早就起来了，旺季的时候几乎都是这样。到了淡季，就是10月过了以后，就彻底没有生意了，早上睡到十一二点，来了以后，在这儿开着门守会儿店，能卖一点是一点，等下午五六点就回去了。天气比较冷，就没有人了。从年中到年尾几乎就是这样，两头没有生意，就旺季这几个月。（其实）还不到几个月，足足地撑死了50天。就这50天生意，你把握住了就挣钱，不过今年估计都不挣钱。

访谈者：那我们这边的口岸，您觉得这些年变化最大的是什么？

王坤：发展得比较快。因为它是经济特区，国家也比较重视，然后保税区这些地方都是重点发展的，就像霍尔果斯一样，是投那么多钱建设的。你来的时候，不知道见了没有，霍尔果斯整个外围的那些（装修），跟去年相比，整个就是变化很大。今年的房子，给你的印象（不一样）。去年来的时候这里像个普普通通的小县城的样子，今年一下把整个能看到的地方，全部统一装修，短短一个月就装修出来了。所以说，从这一点可以看出来，国家对霍尔果斯口岸还是比较重视的。合作中心的这些东西倒没什么变化，就是多了几个商场。

访谈者：对。那生活上呢？有没有更方便一点？

王坤：消费高，这里的消费我感觉比一线城市消费都要高。你看平常吃早餐，一个人出去一次花十几块钱才能吃饱吧？像午饭这些，都是二三十块一个人。一天一个人如果正常消费的话，平均花费都要在 100 块钱左右。像他们这些散工，就是打工的 20 来岁的小姑娘在这儿免税店里面上班，她们的工资一天才 100 块钱。本地人还好，你像外地人在这儿的话，就不好生存。100 块钱，抛开日常开销——就是吃饭，然后生活用品这些，几乎都没有剩下钱。所以说，本地的还是做生意的比较多。

访谈者：本地的是指在这有房子、生活的人吗？

王坤：我的理解就是老霍尔果斯的人，一直在这儿土生土长的霍尔果斯的人。起点比较高吧，那时候他们的生活质量相对来说还是比新疆周边这些地方要好一点的，消费水平比较高。

访谈者：还有这些楼盘的开发者，但是他们不在这儿吧？全国各地的吧？

王坤：嗯，投资商是全国各地的，因为霍尔果斯支持外地的投资商到本地投资，不管是房地产，各方面的投资，人家都欢迎支持。在（霍尔果斯）不管是办一些营业执照，走一些程序，办一些手续，都是快快地给你办，从来不会说拖你，这一点还是比较好的。不管是看病，还是办一些营业执照、卫生许可证、健康证这些，人家快快地给你办。

访谈者：平时你们到周围玩吗？

王坤：旁边有一些景区比较多的地方，独库公路，"一年四季"，然后萤草基地、那拉提大草原、赛里木湖，还有芙蓉山，我知道，我一直想去，但是去的时候都冷了，下雪了。没有机会去，旺季的时候又走不开。来这个地方做生意之前，我去过赛里木湖，那时候车还可以自己开进去呢，现在都不行了。那时候门票一个人才 70 块钱，现在都涨到 140 块了。然后我就说过完这两天，出去转一下，玩一下。像我们这个生意，旺季的时候，就天天休息不好，吃不好，天天紧绷着，想着好不容易淡季了，出去玩一下。（但是）挣钱了可以玩，不挣钱还在这儿。

访谈者：平时当地人都吃些啥呀？

王坤：这边人太杂了，四川的、甘肃的、河南的，哪个地方的人都有，吃啥的都有。面食、米饭这些，他们都吃。但蔬菜很贵，贵的时候，买一棵生菜 6 块钱。而且这几天肉也在涨价……

访谈者：为什么有的会卖得便宜，就要薄利这样多销是吗？

王坤：你在我这个地方买了烟以后，到他的店里面去转，他看你买完烟了，就故意把价钱给你报低一点，让你心里面不舒服。或者还有一种可能就是买完之后，我这里便宜，你去退掉，在我这儿买。打价格仗，这就是恶性竞争，你卖便宜我更便宜，你再便宜，我成本卖，实在不行我赔一点，就那样。所以说这边卖东西（生意）不好做。你看，他们（游客）都是对比价格的，转了好几家了，为什么又回来了？都是对比过的。

访谈者：那平时来这边的人，这些商户有的是旁边兵团的吗？

王坤：大部分都是外地人，四川的、河南的，前面（来）做生意来得比较早的买房子了。

访谈者：像平时，他们有什么娱乐活动没有，这边的当地人？

王坤：没有，因为时间比较紧。我们天天大早上出门，8点多起床，10点钟左右就到店里面了，下班8点钟以后了，回去以后就是洗衣服、做饭、吃饭，天天都是这种情况，除了冬天。冬天他们比较爱出去玩，他们做生意挣（到）钱的，还有前面有一些本地（人）做生意时间久了挣上钱的，就好多出国去欧洲旅游，或者去三亚那些。没挣上钱的该干啥干啥，天天在这儿守着。合作中心养活了一大半的霍尔果斯的人，几乎霍尔果斯的人都在这里面上班。守山吃山，守水吃水吧，那种感觉。

访谈者：这是整个霍尔果斯最大的一个经济来源？

王坤：对，就那样，它是靠游客。本地人感觉挣钱特别容易，他们没有到内地去过，内地感觉挣钱可难了。来旅游的都是内地一些有钱的人，你说没钱的谁过来旅游？人家看到喜欢的东西都买，不管价格高低。前几年是这样，近几年不行。近几年买东西的人都学得特别（机灵），因为网络的发展。不管是用的，甚至吃的，在网上卖得特别火，像 4 块钱的那个腊肠，在网上卖得特别火，而且卖的价格又贵，但好多人感觉他自己选择的东西都是最好的。每个人都有这种心态，我在网上买，即使看不到实物，但是感觉买的也好一点，也不用听你忽悠。就像我一样，我干完这个生意以后，出去啥东西我都不敢买，就感觉价格差距很大。买衣服，买啥的，都是钱，还个价，能还多少还多少，然后就不想那么多地去对比价格，货比三家，累得很。你看（我做）这个生意本来就挺累的了，一天到晚，就不想那么多。

三、关于霍尔果斯的一些看法

访谈者：霍尔果斯您有没有转一遍？

王坤：差不多过一遍了吧。霍尔果斯特别小，你搭出租车，在霍尔果斯从任何地方到任何地方去，起步价 6 块钱都用不完，你一上车就可以把 6 块钱付给他了，任何地方都可以到，就这几个小区。不过它还在快速发展。

访谈者：现在还在建楼，各个小区。

王坤：都在建着呢。他（开发商）是想着（当地人）都挣钱了，合作中心的（人）都挣钱了，以后在他这儿买楼。但是他没想过生意不好干，人家不挣钱怎么买房子？一年不挣个十几二十万谁会买房子？

访谈者：那如果老家有机会的话，您会想回去吗？

王坤：老家不是说不想着去，是咱们老家没有机会。老家做生意的人太多，竞争比较大，相对机会和这个竞争，它（收益）不成正比。这个地方不一样，这个地方你做生意，好的一年就挣上钱了，不好也就是那样（一般般），再差也不会说比老家差的那种。

访谈者：也就是说这个地方总体来说它起跑就已经比老家要好很多了？

访谈者：对呀。这个地方是经济特区，你卖个啥都可以挣钱，即使你摆个摊都比在家里面打工强。我在外面摆摊一天还挣一二百块钱、二三百块钱呢，就那两三个小时，又玩儿又自由，多好。

访谈者：无论途径如何，都是要挣钱？

王坤：不，取之有道。年轻的时候心气比较高，现在就不行了。那时候想着，我要怎么样挣钱，打个比方就是说，不体面的工作不干。有个笑话说得好听，十八九岁的时候就感觉法拉利才能配得上我，都二十五岁了发现，十几万的丰田也不错了，三十岁的时候就想有个车就行了。现在可以到任何地方去干任何工作，就是这种心态。看着他们这些做生意的听天由命，其实你真是做这个工作（的话），会发现你还是需要时间积累，需要一个过程，特别难。

访谈者：最难的是哪一段？从做生意到现在。

王坤：不是说万事开头难？跨第一步的时候。因为做生意肯定需要本钱，所以你要解决这个本钱的问题。投资什么的，担心成本收不回来，你天天想这些问题，脑子里面都是这些。我去年一年一天就吃一顿饭。刚来的时候，想着不挣钱，一天24小时就吃一顿饭，就（晚上）9点钟左右吃一顿。去年一年瘦了10公斤，从80多公斤到70多公斤了。（现在）不管是生意还是（别的），想得最多的还是家里面的事儿，老婆孩子。

访谈者：在这边做生意是不是更自由一点？

王坤：其实一点都不自由。我都没见过中午的太阳，就是冬天的时候来得比较晚，但是天天都要在这儿守着，你说自由吗？要说出去玩吧，旺季不可能出去，出去一天损失好几千块钱，淡季的时候吧，就冷，所以也没出去玩。我来两年了，几乎没出去玩儿过，最远的地方就是跑到伊犁，都没去过远地方。我是特别喜欢开着车出去玩儿的那种，但是条件不允许。我跟你说的那些地方我都想去，但我都没去过。

访谈者：刚才说这个地方养活了半个霍尔果斯？

王坤：大半个霍尔果斯的人。好多人来这挣个零花钱，是辛苦一点吧，但是最后回过头一想，也只能这样，他们还是觉得这里自由些。

访谈者：你有没有在网上卖这些？朋友圈里面。

王坤：我经常发一下朋友圈。发烟，偶尔发一些吃的，万一哪个看到想买两条烟呢。加点人就好，要不（买的人）特别少。去年发得多，今年就感觉没有人要烟了。

访谈者：不太好做。您这个店几几年到期啊？

王坤：就今年（2019）年底，12月30号。我们9月份就要（决定）全年续不续了。我们这么多商户几乎一大半决定全年不续了，房租太贵挣不够。你看房租一年5万多块钱，今年我从开始到现在挣的也就5万块钱，刚刚够房租。不挣钱我肯定是不干了，累得不行，心急得不行。

访谈者：这边所有人一开始来都是为了梦想吗？

王坤：商机就是呈现在大家眼前的这些东西，你要学习做生意。同样的东西，两个人卖，他戳这儿卖可能就卖2000块，你戳这儿卖就卖不了2000块。还是要学习。

访谈者：当时这边有没有招商引资的口号？

王坤：有。我刚才不是说了吗，政府支持你在这儿发展，包括摆摊，各种各样的要求都可以满足你。晚上摆摊，政府还支持把路封起来，不让过车，全部弄成步行街。这一点还是挺好的，娱乐大家嘛，工作之余还可以出去转一下、玩一下、热闹一下。对我们商户来说不好的就是进关有点慢。

访谈者：如果说让您对整个口岸地区提点意见，您觉得会有啥需要改善的地方吗？比如生活呀，交通、医疗？

王坤：说实话我的眼界还达不到这种高度，对这些提意见。

访谈者：就从您自身来看，有哪些不太方便的？

王坤：除了下水道以外其他都没有问题。说实话我实在想不到。

访谈者：那整个合作区呢？

王坤：说实话我真的不敢想。有时候我想过如果我当领导的话会怎么样治理合作区，这样想完以后直接就打消这个念头了。这边就是没有啥娱乐的，看电影要跑到清水。

访谈者：听说原来有电影院。

王坤：对，有个老电影院，在老政府楼那边，但是我来的时候已经没有了。这个地方，时间长了你会发现大家每天都是匆匆忙忙的，除了吃完晚饭的那会儿时间。你早上8点钟起来站在这个位置观察一下，每个人都匆匆忙忙。没有想到这儿有什么娱乐。要娱乐人家去远的地方娱乐，出去玩啊包括到内地旅游。所以每个人的生活方式不一样，就是圈子也不一样。我生了丫头以后，可以为她做任何事，以前就没有那么伟大的感觉。现在就想着要挣更多钱，为她创造更好的生活，挣不上钱心里面挺愧疚的。每个人都有自己的想法，都有自己的目标，但是不一定都会说。可能咱们聚到一块说一下，你了解我然后我说一下我的事情，但是那么多人，都有自己的故事，你出门的时候碰到每个人都有自己的情况。我结婚之前就感觉很潇洒，就是那种很无所谓的想法，感觉高兴了就怎么样怎么样，不高兴了就怎么样怎么样。现在就不行了，要忍让。其实并不是自己愿意改变的，就是生活逼的，离自己的目标还是差一大截的。

访谈者： 什么目标呢？

王坤： 稳定，你知道就是说到任何一个地方都想着稳定。我说的稳定是有自己的房子自己的车，想休息休息，想出去玩出去玩。这个目标其实听着不大，如果真正要实现的话在每个人身上都不容易。不是都能随时随地想出去玩就可以出去玩，不说那么绝对，但是差不多。现在租的房子嘛，离（有）自己的房子自己的车然后上上班，一家三口就那种（过日子）的目标，我感觉是差很远。说不好。现在走一步看一步，就不敢想那么多，想多了累得慌。我感觉我有两个月都没有休息好了，天天都困，到下午就想睡觉。

访谈者： 您平时有休闲娱乐吗？

王坤： 没有。我不喝酒，又不玩游戏，就抽个烟。如果说一个人没有什么爱好心情就不好，天天在那就感觉活着好像没有什么意思。我下了班几乎都在亲戚家吃饭，我们一块做饭。我做饭比较好，天天让我做饭。吃完饭十一二点我就睡觉了，再没什么爱好。

访谈者： 那再问最后一个问题吧，有没有什么建议？您觉得需要改进的地方都可以讲，整个口岸整个霍尔果斯吃穿住行方面都行。

王坤：霍尔果斯其他就都还好，除了蔬菜有时候价钱高一点，其他就没什么了。

访谈者：如果有机会的话会在这一直待下去吗？

王坤：哪个地方能挣钱我就在哪，说白了就是这样。能挣钱的话我就在这儿待，不挣钱我想其他的办法。相对来说这地方还是比其他地方好待一点，好生存一点。

访谈者：怎么个好待一点？

王坤：说白了就挣钱好挣一点。

访谈者：好的，我知道了，谢谢您。

| 访谈者后记 |

我与王坤的访谈在他的店铺里完成，早上十点多，游客大部分还没有进入合作中心，他有时间稍微整理一下货物，打扫一下卫生。清扫店铺、整理货物，对于在合作中心做生意的商户而言，这意味着一天的新生活即将开始，或多或少都有些仪式感。

王坤租住在卡拉苏河岸边的一栋居民楼里面，店铺生意好的时候，他一整天都会待在合作中心里。他的店铺周围有很多河南老乡，彼此关照，空闲的时间坐在一起聊天。随着旅游旺季逐渐过去，王坤去店里的时间越来越晚，有时候甚至到下午才去开门

卡拉苏河步行街一角（作者摄于 2019 年）

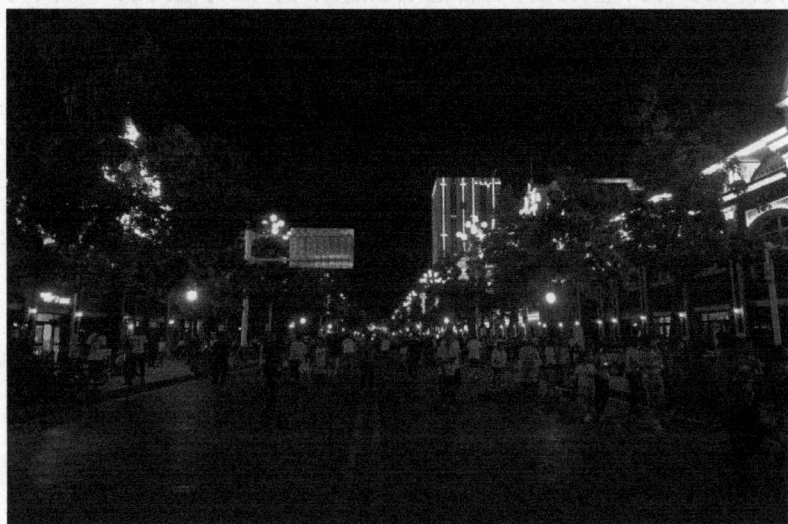

友谊路步行街每晚热闹的场景

做生意。在我调研后期，与他在同一楼层的许多商户都已经关门歇业了，王坤说他们都是做半年生意，赚到钱后，会留出时间出去旅游散心，所谓"开张半年吃半年"正是如此。我的调研时间从霍尔果斯的旅游旺季开始直至淡季来临，见证了他们的生意从火爆到冷清。这个过程对于当地人来说，自然得像是一年的四季更替，而他们习以为常，并按照规律来调整自己的生活。

每到夜晚，友谊路步行街上灯火通明，人流如织。那里聚集着奔劳一天后能够暂时小憩的人们，从卖奶油冰激凌的摊位一直延伸到地下通道。其中最能带动气氛的莫过于一个唱歌的摊位，没有舞台，只是简单地用音箱和话筒支架圈起的一小片地方。摊主是一位跛脚的青年，人们只用给他十块钱，就能去唱一首歌。我曾在步行街上看见弹着吉他唱歌的王坤，因为他的歌声，四周聚集着一圈听歌的人。王坤告诉我，他在闲暇时间就会去那里唱歌，帮那位青年暖个场，招揽一下生意。

晚上的步行街上总是有类似的小事情发生，它们可以出现在任何地方，而我对这些场景印象深刻。大概是因为那条缀满彩灯的街道伴着往来的人群十分热闹，大概是因为每个人脸上的笑容太具感染力。而最重要的是，我由一个小角落里看到了一座城市生动的一面，并从中感受到了霍尔果斯的温度。

三、每个人都是带着梦想过来的

——刘林君口述："要想把一个市场做起来，需要大家一起努力"

时　间：2019 年 8 月 22 日
地　点：中哈霍尔果斯国际边境合作中心，金港国际，四楼
访谈者：吴俊杰

┃访谈者按┃

刘林君在合作中心的"金港国际"商场经营一家店铺，位于中哈连接通道的东侧。因为临近哈方，销售的商品主要面向哈萨克斯坦及周边国家的人们，做的是外贸生意，以售卖皮包为主。不同于面向中方游客的店铺，刘林君的生意一年四季比较稳定，但也会因为哈方限重等举措受到影响。

根据刘林君本人的叙述，他 1976 年出生于湖南邵阳。1994 年左右从家中辍学打工，第一份职业是在湖南省当建筑

工人，之后到广州、潮州等地的工厂里面打工。1996 年，刘林君回到湖南老家，跟着一位师傅学做菜，1999 年又开始学开车，转而换了行业。2000 年后，刘林君到深圳的一个高尔夫球场里面当服务员，直至 2003 年，他开始帮着表哥卖皮包，离开湖南前往新疆乌鲁木齐，并在乌鲁木齐工作和生活了近十年。2013 年，受"一带一路"倡议与合作中心招商引资的吸引，刘林君从乌鲁木齐前往霍尔果斯，在合作中心里开店至今。

刘林君的人生经历十分丰富，所做的职业也非常多元，2003 年之前，他游荡在不同的行业之间。从第一次在表哥那里接触到如何做生意算起，至今已经 16 年。目前，因为哈方通关限重，刘林君的店铺生意并不是很好，但外国的订单长期都有，所以能够维持生活。刘林君现在和妻子、女儿生活在一起，妻子是一名俄语老师，女儿正在上小学，生活幸福美满。对于整个霍尔果斯的变化，刘林君体会深刻，在访谈过程中，他对霍尔果斯的建设和发展也有自己的见解与期待。

一、从乌鲁木齐到霍尔果斯

访谈者：您什么时候到的新疆?

刘林君：2003 年从湖南来到新疆的，在乌鲁木齐待了 10 年。我的表哥叫我跟他来这里一起经商，他比我早过来几年，当时已经有地方住了。

访谈者：当时在做什么生意?

刘林君：当时在卖包，就是和我现在一样的，给我表哥打工，给他卖卖货、拿拿货。他有自己的店，自己买的摊位，在广州那边有厂子，慢慢慢慢他就发展好了，就叫上我了，一个帮一个。当时在乌鲁木齐的生意特别好，挣得多的时候一天可以挣一万块钱，那时候外国人买东西根本不怎么还价钱的。那时候很多外国人在乌鲁木齐进货，但是现在去乌鲁木齐进货的少了，现在都去广州，去生产地进货了。原来交通不发达，（内地）没有开放，（外国人）就直接在我们这个"二手"（货源）拿货，现在直接找"一手"去拿货了。

访谈者：生意大概好了几年?

刘林君：大概生意好了有三四年。到 2007 年左右的时候，生意就不是很好了。

访谈者：您为什么会到乌鲁木齐?

刘林君：就是表哥叫我过来的，这个与老家干其他的事情相比挣钱还是要快。2007年之后越来越不好挣了，但是我们生意做开了还是有那个实力，慢慢慢慢地下面有客户了，发展客户了，就可以稍微稳定一点，自己厂子也有了。

访谈者：后来为什么从乌鲁木齐到霍尔果斯？

刘林君：后来慢慢乌鲁木齐的生意（不好了），2011年到2013年那一段时间生意就不好了。我们2013年的2月份到这边考察了一下，觉得做外贸还可以，2013年的8月份在这里交了定金，9月份就过来开业。这边的外贸与乌鲁木齐的外贸相比还是要好一些，因为（更）接近他们（国外），所以我们就来到了霍尔果斯。

访谈者：是您自己的想法还是表哥的想法？

刘林君：这是我自己的想法。因为在乌鲁木齐生意不好了，厂子在2014年就没开了，那个时候皮包行业都下滑了。

访谈者：那您当初是怎么知道霍尔果斯的？

刘林君：2013年霍尔果斯有招商部到乌鲁木齐去招商。那个时候还没有通火车，只有大巴车从乌鲁木齐到霍尔果斯汽车站。

访谈者：2013年招商的时候，他们的口号是什么，您知道吗？

刘林君：他们的口号就是"一带一路""丝绸之路"，那时候还有很多宣传照片。

访谈者：您当时第一个店在哪儿？

　　刘林君：第一个店在"中科"一期①，主要还是卖包，2013年、2014 年生意还挺好的。那时候汇率也高，1 万探戈②可以换到 400 元钱，现在汇率一下跌到一万探戈就换人民币 179 元钱。

　　访谈者：后来您是几几年换的这第二家店？

　　刘林君：在这里是今年换的，2019 年 3 月 1 日开店的。因为"中科"的房价越来越高了，这边是免费的，只要交物业费和管理费，其他的房租费不要，说是 10 个月之后就开始交房费了，但是交房费还未定，要交了才算。

　　访谈者：这边的房价都是谁定的？

　　刘林君："金港"的老总。每一个楼群都是每一个地方的老板（定价），如果定价特别高的话，我们就不干了。

　　访谈者：您的包都是从哪里订的？

　　刘林君：手机上，然后每一年也去一趟口里面，或者过去加一个微信，了解一下，需要的话就在手机上看，需要什么人家厂里给你发什么，你钱到位货就发过来了。

　　访谈者：您现在这个店还是盈利状态吗？

　　刘林君：一天只赚十几块钱，还是盈利状态。但是想养家糊

---

① "中科商场"，一共有两期，位于"金港国际"的南面，与"金港国际"商场仅仅隔着一条马路，主要做外贸。

② 探戈，哈萨克斯坦货币，中文名又为哈萨克斯坦坚戈、腾格，1993 年 11 月开始使用，取代了原来的俄罗斯卢布。当前（2019 年 12 月）的汇率是 1 人民币=54.84 坚戈。

口很难的，像我老婆不在外面工作的话，每一个月的房贷 5000 多元，都很难还。

访谈者：您什么时候结婚的？

刘林君：我 2011 年结婚的，在乌鲁木齐。我们 2010 年在乌鲁木齐工作的时候认识的。她现在到别人家（做）家教，教俄语，补习英语、数学之类的。

访谈者：户口在这里吗？

刘林君：户口在老家，没在这里，小孩户口也在老家。户口迁过来容易，但是迁回去就难了。

访谈者：但是房子什么的都在这儿吗？

刘林君：房子是贷款买的。（我们）也属于霍尔果斯人了，有居住证，周一去参加升旗仪式，这是我们的义务，这是必需的，要做一个霍尔果斯爱国、爱党的人，爱小区的（人）。我们每天也没有什么事，一来就是在店里面，或者是看看手机，擦擦包，摆摆包，弄一弄，整理一下。

访谈者：您来这边生活还习惯吗？

刘林君：习惯，和家里没有什么特别大的差别。我没有什么业余（生活），就是上班，两点一线，上班，下班。来这边交的朋友有当地人，五湖四海的也都有，河南、河北、四川、湖南长沙、东北的都有。大家有时候聚在一起，如果没有什么别的事情，闭关的时候我们就开车到外面去旅游、野炊，有时候闲了也会出去玩。像这边过年过节，都会闭关，哈方人不过来，哈方也直接闭关了。

访谈者：感觉现在生意不是很好，是吗？

刘林君：对，现在生意不是很好做。像"中科"那边，一年房租十几万，我们接受不了。我在"中科"干了三四年，在"黄金"①我以前也拿了店铺。干这个的每年都有新来的，每年都有走的，这两年可能来的多一点，走的少一点。生意不好，一个是因为没人，二个是因为我现在慢慢不想干这个行业了，把货处理完了我想干其他的。

访谈者：您不想干这行了，想干什么呢？

刘林君：现在还没有决定。想法就是我现在把驾照拿到手，到外面开车或者是自己在外面买两套房子，看看在外面怎么弄。

访谈者：是不想在合作中心卖东西了？

刘林君：也不是不想，而是外贸控货控得太厉害。（哈方）规定每一个人限量 25 公斤，就是我们这边的货（能）提过去的，他们规定一个人只能带 25 公斤，超过 25 公斤就要收费。2017 年、2018 年、2019 年这三年时间就控制这个重量了，前几年没控制重量，生意还好一点，他们跑一趟划得来，要不然来一趟一人就拿那么一点货。

———————————

① "黄金口岸"，也是合作中心内的一个商城，主要做外贸，临近"中科"。

从左到右的建筑分别为：金港国际、中科商场和黄金口岸商场

（作者摄于 2019 年）

二、合作中心的工作情况

访谈者：您平时几点上班，几点下班？

刘林君：我们是 9 点半上班。9 点半在那儿排队，80% 会堵，因为 9 点半才开关，不过我们可以走指纹通道。指纹通道是这两年才办下来的，2017 年吧。

访谈者：每一个人都必须要办"指纹通道"吗？

刘林君：它也不是强制性的，但是办了通关就快一点，不用排队。只要是在里面长期干的都办了，节约时间。因为指纹通道的地方太窄了，有设备，所以不允许商户从指纹通道提货进去，你要提货的时候只能走人工通道。

访谈者：我们（游客）可以带任何东西进去吗？我看还有人骑着车。

刘林君：可以带很多东西，车也可以骑，电瓶车、自行车都可以骑进去。货物如果是海关允许的，你可以申请带进去。

访谈者：我们要申请什么？

刘林君：就像我们做箱包的，提一点点可以，大量的提是不允许的，这样你要走正规的报关公司。外面有四家报关公司，就是海关的监管车，天宁、四通、恒大。你的货从口里发过来到霍尔果斯，到他们托运部，托运部就给你报关了。报关一般快的就是3天，慢的话就是半个月、20天，之后才能进来。

访谈者：您一般几点下班？

刘林君：一般6点钟这边就没有啥人了。就回家买菜，做饭，吃完饭就到步行街摆摊。原来步行街是没有的，是今年（2019年7月中下旬）开始的，到今天才半个多月。

访谈者：您当时过来的时候，这边的现实和预期有什么出入没有？

刘林君：现实情况和他们宣传的一样，每天广场里面人山人海的。但是今年的生意没有想象的那样好了，一个是因为店多了，二是因为控货了，周边人没有钱，消费不起。现在生意不好了，今天一天才卖了3500探戈。

访谈者：这边生意并不是特别好，为什么大家都还留在这儿？

刘林君：听起来口里生意整体也不是那么好。像我们回老家也是做生意，在这里也是做生意，相比较这边反正压力没有那么大，费用没有那么多。我们在这里买了房子也不可能回家了，尤其是我们这样的，父母不在了，只有一个姐姐、一个弟弟在老家，所以就没有经常回去。2013 年之前我每年都回家，现在父母不在了，就两年没有回去了。（霍尔果斯）生活成本也不是那么贵，一天生活费就是百十块钱。

访谈者：您对现在合作中心的发展有什么看法？

刘林君：总体上合作中心还是很不错的，为我们提供了很多就业机会，很多人都心怀期待地过来，我们也都是有梦想的。但是也还是有点问题，一个是通关的速度有点慢，有时候边检通道不够用。虽然现在每天有上万人出入，但如果能让更多人进来，让我们有更多客人就好了。二是这里市场管理的人看见游客没那么多的时候就想要提前关灯关楼门了，你看这些楼道都干干净净的，灯光也亮，我觉得完全可以做得更晚一点儿、更久一些。我们也希望把这个地方做起来，做活。合作中心也有很多东西在建，可以期待一下。

访谈者：还有什么问题吗？

刘林君：还有就是我们商户要齐心，每天都按时开门，我们要对整个市场有信心。商户和管理者也要齐心，大家齐心协力，

2015 年的第五代国门（刘林君提供）

2015 年的国门小市场（刘林君提供）

共同努力，尽量把这个市场做起来。市场管理确实很重要，要想把一个市场做起来，真的要花很多的心血、花很多的时间，要大家努力，不是靠一个人努力。只要能把市场做起来，我们也不怕房租高。我们在乌鲁木齐干的时候，那个房子一年 20 多万我们也干，还没有这个大。那个就是生意能挣回来，你这个给我干我还要考虑考虑。

三、对霍尔果斯的看法

访谈者：您来霍尔果斯这些年，周围变化最大的是什么？

刘林君：最大变化就是霍尔果斯房子越来越多了。我们 2013 年来的时候，汽车站后面那个房子算好一点的，现在（的房子）慢慢都是 2013 年以后才建的。道路，卫生，确实一年比一年好了，这是有目共睹的。这两年人要多一点，2013 年、2014 年一到闭关放假的时候，霍尔果斯就像一座空城一样，尤其是过春节的时候，大家都回老家了。现在还好，人还挺多的，每晚上夜市上人也挺多的。

访谈者：现在都慢慢发展起来了？

刘林君：对，他们确实是在不断地进步。现在我们小区也做得很好了，有很多小孩的图书馆，免费看的那种；我们小区有新华书店；另外有两个小孩们的诵读班都是我们社区举办的。

口岸书店，霍尔果斯为数不多的书店之一，定时每周开展一次社区活动

访谈者：比较重视文化了？

刘林君：对。每个礼拜一我们都升国旗、唱国歌，你可以参观一下，可以得到很多的启发。每个礼拜一都有大学生在那儿宣传新疆的知识，讲怎么样团结——就是像石榴一样抱在一起。

访谈者：那您觉得霍尔果斯有没有哪些需要改进的地方？

刘林君：现在总体上已经都好很多了，但我觉得还有一些地方可以改进，可以做得更好。比如改善一下霍尔果斯的医疗条件。我亲身体验的，我小孩两次鱼刺卡在喉咙这里，在霍尔果斯都弄不了，跑到周边医院才解决这个小问题。这是最关键的。

访谈者：来这边生活就是这点不方便，其他都还好？

刘林君：其他都还好。吃喝拉撒还是挺好的，这边水果太好吃了，便宜。闲下来可以到地里面采购葡萄，西瓜、桃子、苹果，都可以去摘。

访谈者：您对这个口岸经济有什么看法？就是未来发展。

刘林君：希望人越来越多，只有更多的人来这里，人气越来越高，霍尔果斯才会发展得更好。对于我们来说，需要我们干什么我们尽力而为，大家都想把霍尔果斯建设得更美好。

访谈者：如果家里有更好的创业机会，您会不会回去？

刘林君：会。反正现在也在寻找有没有好的项目。在我们老家那边好多项目也不是那么好做，尤其我们老家那边查污染材料查得太厉害，小一点的作坊全都关掉不让弄了，所以回家也不好做。

访谈者：在这边还有一点支持。

刘林君：对。主要是靠店里卖一点，卖一点吃一点，够吃就行了，也没有想着一年挣很多钱。现在的市场（想）挣很多钱也挺难的，挣很多钱必须要投资很多。

访谈者：但是当时应该会有那种挣很多钱的梦想吧？

刘林君：有。我们一（次）进货要进很多的，你投资和回报都是成比例的，你投资越大，挣得也越多，但是不好的话，你亏得也更多，所以我们处在稳定状态。

访谈者：旺季快过去了是吗？

刘林君：做（我们）这个生意没有什么旺季淡季，只要你货对路，只要哈方那边开放，就没有什么旺季淡季。所以先这样耗着，等口岸稳定下来了，能够全力开放了，我们再想办法加大投资。还是要有人（流），没有人（流）的话不行，没有人（流）、货物不开放的话，怎么样都起不来。现在（哈方）限重量了，我们这边（通关）也限次数了，第三次我们就进不来了。

访谈者：您觉得这边还有别的问题吗？

刘林君：其他问题倒也没有了。只是还有一点，希望霍尔果斯可以有更多的工厂，能够提供更多的工作岗位和就业机会。

访谈者：好的，您说的我都记着了，谢谢您。

┃ 访谈者后记 ┃

与刘林君的访谈开展得非常顺利，在告知对方我的身份和目的之后，他欣然接受了我的采访，并十分配合我的工作。刘林君的店铺是和另一个人合开的，他只拥有一半的空间，生意并不是很好，至少在我的观察中，并没有很大的客流量，显得十分冷清，用他的话来说就是"堪堪维持生活"。他每天早上九点多骑电动车去合作中心，晚上七点多下班后顺路买点菜回去做饭，因为曾经学过厨艺，所以家中主要是他负责一日三餐。吃完晚饭后，他会骑着电动车带上简易的木板和一些玩具到友谊路步行街摆摊。事实上，在步行街摆摊一个晚上都赚不到多少钱，但人们还是热热闹闹地聚在那里，招揽生意也好，闲聊也好，这俨然成了他们的一种休闲方式。

刘林君热心而正直，与周围人的关系处理得都很好。他们在外打拼的人有一个老乡群，经常在里面分享彼此的动态，并在逢年过节时聚会，这让离家在外的人彼此感受到温暖和支持。在我调研期间，刘林君得知我需要报道人，曾积极地介绍周边的朋友和我认识，其中有开饭店的阿姨，以及同做外贸生意的商户。他甚至帮我找到了一份在合作中心里面的工作，并教我和哈萨克斯坦人交流的日常用语，我从中也得到了许多不一样的体验，对此我非常感谢。

十月中旬，我即将离开霍尔果斯，走之前去到他的店里同他告别，他嘱咐我路上注意安全，如果后续有任何需要帮忙的地方都可以继续联系。后期我多次联系他，他对于需要补充的照片和信息提供得非常及时。在与他的交流中，霍尔果斯的医疗和就业等问题仍然使他有所顾虑，但是政府不断在推行医保制度以及改善医疗环境，社区内也时常开展群众技能培训，这些举措使他看到了希望。刘林君始终觉得未来在霍尔果斯的发展是有前景的，这也是他仍然坚守着店铺没有离开的原因。他努力地想要活跃自己的生意，并期待大家共同努力，建设更好的霍尔果斯。当所有微小的力量汇聚到一起，将会创造美好的未来。

初心未改，此意须同

——岳永灿的两封信：从胜利走向胜利

│ 访谈者按 │

1943 年 10 月，岳永灿出生于四川省安岳县伍保寨村，76 年后（2019）的今天，他已经是一位霍尔果斯的老人了。岳永灿是我们团队最初认识的报道人之一，在访谈工作极难打开局面的情况下，他较之于其他人给了我们无条件的信任和帮助。岳永灿因为身体多病所以十分清瘦，一副"文人"模样。在平日的交流里，他眼界开阔，对于当下的时事皆有自己的看法，在所有的访谈对象中，给我留下的印象最为深刻。我很难用一页纸单薄地去描述岳永灿的生平，他文笔优良，胸怀大志且心系国家。临行前，他交付予我一封《再谈中国农业经济》的信件，里面写道"因为我是一个地道落后地区的农村人，多么希望我们这种地区的农民也能摆脱落后的生产生活现状"。他命途多舛，时运不济而壮志难酬，这多少让人有些唏嘘。

本书第一位口述者吴思琴是岳永灿的妻子，正如在她的口述中提及的，岳永灿的听力不好，加上四川乡音非常浓重，他与我们之间的沟通和交流比较吃力。不过幸运的是，岳永灿曾在 2018 年赠予我们的一封信里附上了一份手稿，得以让我们了解到他的生平事迹。这份珍贵的手稿原文从"第十九章"开始，至第"第三十七章"结束，全文共 19 章，将近 6 万字，记录了他从四川"仙鹤砖瓦厂"到霍尔果斯"国门小市场"的主要经历。前四章主要涉及他在四川老家的事情，其中对于改革开放后的土地制度和工厂改革对当地带来的影响进行了详细的描述；从第五章开始，岳永灿已经离开家乡到了新疆石河子；这之后的手稿内容则是围绕着他在新疆的生活而展开。1991 年，岳永灿从四川出发前往新疆，我在近六万字的手稿里选择这一部分内容置于本章节，在不改变原意的基础上对手稿中的语句和错字稍加调整和修改，用以呈现霍尔果斯的发展和变迁。

　　岳永灿在手稿的最后一章里，以"从胜利走向胜利"为题，作为前半生自述的结尾，在我看来自有其深意。"位卑不敢忘忧国"，无论身居四川还是霍尔果斯，岳永灿永远未改初心，确实是一种人生的胜利。

岳永灿在合作中心（作者摄于 2019 年）

一、第一封信

赵老师：

　　您好！

　　您送给我的礼物收到，谢谢您！

　　这次小吴返校，我托她带给您的一份《再谈中国农业经济》的稿子，请您不要笑我，因为我是一个地道落后地区的农村人，多么希望我们这种地区的农民也能摆脱落后的生产生活现状。由于我国地理条件复杂，要基本上达到全国农业机械化，在科教兴农的基础上，农田基本建设同样是十分重要的。

　　1979 年的"再论"是在集体生产、计划经济时代；四十年后的今天，是市场经济、土地联产承包责任制时代。所以，为了搞好落后地区的农田基本建设，领导的方式方法当然是不同的。《再谈中国农业经济》由此而起。

　　此项建设功在当代，利在千秋，但对农民快速致富是有冲击的。我想，在全国人民基本脱贫后，再掀起农田基本建设运动，既能夯实农业经济基础，又能解决劳动力过剩的难题。

愚意谨呈

　　敬礼

四川安岳县伍保寨村民　岳永灿

2019.9.27 早上 5 点

信件照片（作者摄于 2019 年）

附:《再谈中国农业经济》正文

再谈中国农业经济

为加快推进农村农业机械化进程，夯实农业经济的基础，对广大地理条件暂时还不适应机械化操作的乡村土地的农田基本建设仍然是十分重要的。

我国除了几大平原和一些个别地方的自然条件较好之外，其他如丘陵、高原、高山地区地理条件复杂，要适应机械化操作，还得进行艰苦的农田基本建设。为此，我建议方法于下：

一、省、县、乡三级科学统筹，梯型联动是解决这一难题的办法。

二、省、县两级均应组织农田基本建设劳动实体，同时又是领导单位；这两级除了有充实的各种劳动力，还要有知识高、经验丰实的科技人员，为多、快、好、省地搞好农田基本建设把好、把严技术关。

三、有弹性的土地承包制度。经当地政府规划批准的农田基本建设范围内的土地承包人，从基建开始那一天起，原来的土地承包合同均应终止，国家的土地在进行农田基本建设时任何个人无权干涉；待建设完工后，由机械化作业形成的合作社内的成员承包，仍然是原来的土地承包人，只是承包的责任和劳动的方式有所不同。

四、山、水、林、田、路综合治理。由科技人员首先画出基建范围内的地形现状图；其次是经改造建设后，适宜现代化生产、居住的效果图；最后还要算出所需机械力和人力的资金支出概由；再经上级领导查实修改核准后，由基建工程承包方的技术负责人向上级领导方签订合同后才能开工。

五、先易后难是规划农田基本建设的原则，步步推进，一劳永逸是目的。

六、为了不误农时，可以从农闲开始，一般工程应想尽千方百计在耕种前完成。

七、在基建过程中，若误了承包方农时，应由政府按实际计算给予损失补贴（已自动撂荒一年以上的土地除外）。

八、农田基本建设应由政府筹集专项资金，用来支付各种设备费和各种劳动者的工资。

九、除科研人员外，其他劳动者均由原来土地承包方的人员和外地招收者组成，特别是各个地方的困难户和无职业人员要优先招收。

十、除科研人员择优有组织地长期雇佣外，机械操作人员和体力劳动者是时集时散：农闲参加农基建设，农忙回家抓生产（特殊工程除外）。

十一、有收缩性的工资制度。基本的月工资不宜太高，再根据劳动者每天的劳动情况，每月用奖金的方式来鼓励补助积极劳动的人。

十二、动员农村劳动者，应为自身利益和为子孙造福，积极参加农基建设，不要再为眼前舒适逗留城市。

十三、开工进行农田基本建设范围内的土地承包方的劳动者，因事未曾参加农基建设，应缴纳一定量的基建赞助费，并定成制度。

十四、水利、机械、作物、禽畜、水产、果木、加工、保管、营销等各科应培养出大批高精的技术人才覆盖农村，做到技术工作自始至终持证上岗，责任到头，使农业经济永远在健康的轨道上运行。

十五、为适应各种不同地理条件而改造的中小型机械，应跟上生产需要。

十六、地理条件无法进行机械化操作的其他地方，可以跟现代化生产的地方一样，在就近交通方便的地方办加工厂，把人们生产出来的物质生活原料，搞初加工或深加工。

十七、广大乡村的各种加工厂，应同时组织强有力的电商，做到厂家直销，使生产出来的物质生活资料除自身需要外，剩余产品能顺利地销售出去。有了现金才能改善自身的物质文化生活，和来年的再生产或扩大再生产。

十八、在交通不便的山区和乡村公路要损伤良田的丘陵地区，应积极发展航空运输，用直升机来做运输工具。

　　我想，用以上方法不懈地努力，经过多年艰苦地农田基本建设后，我们伟大的祖国处处定是"引水多随势，栽树不趁行（错落有致），年华玩风景，财旺农工商"的新时代，是有中国特色的社会主义新农村。

四川安岳县忠义乡伍保寨村民　岳永灿

2018.11.10

二、第二封信

小刘：

　　此稿赠您择优润笔登录，浓缩修改后用我的真名真地址，更不必通知我。

霍尔果斯市卡拉苏步行街社区居民　　岳永灿

二〇一八年阴历八月四日

　　附：手稿内容节选[①]

　　[手稿前文提要]

　　1981年正月初八，岳永灿和吴思琴在家乡结婚，同年，当地开始落实家庭联产承包责任制，当时夫妻两人在宜宾打工，因没人在家看顾分田，分到的田地零散难耕。婚后岳永灿承包了当地的白鹤砖瓦厂，并签了三年合同。1990年底合同到期后，岳永灿离开白鹤砖瓦厂，在住房左边挖了一个瓦窑，维持了一年左右的个体经营，最终因为管理不善而废弃。20世纪90年代，岳永灿一家的生活面临着许多困境，这既包括土地难种，又包括就业机会缺乏，为改善家庭的生活条件，岳永灿萌生了出远门打工的想法。以下为手稿正文节选。

[①] 为最大化地展现岳永灿本人的想法，手稿内容保留了原本的书写习惯，只对些许错字进行了修改。

信件照片（作者摄于 2019 年）

1. 二十三章：海阔从鱼跃，天高任鸟飞

妻子一边吃饭一边讲："你还记得前几年有一天下午，我俩在天坪丘挖红苕的时候，看见岳永群 ① 了吗？那天，她告诉我说，她和唐伏全是在拉萨市挣钱，家里的田和土已经转包给其他人做了，那一次是回家来看一下房屋有损坏没有，马上就要去新疆的石河子市，因为那里有她的两个亲舅父在做生意，还说是大老板。现在是闲时，抽点时间去找永国谈一谈，既然他的舅父和姐姐几家都在那里，外面的情况一定知道。"几句话已经给我点醒了，并决定第二天到岳永国家去了解石河子市的具体情况。

以前我从来没有到过岳永国的家，今天是第一次，他们夫妻二人对我都十分亲近，特别是爱妹知道有事情，微笑着招呼后马上带着孩子到其他地方去玩耍了，让永国一个人在家和我慢慢谈。我也开门见山地对永国说："老弟，今天我来是向你了解新疆的外来人员打工挣钱情况，因为我在近处的挣钱路已经没有了。你是看到的，改革开放以来，我们周围的人家家都越来越富裕，特别是我不能掉队啊！"永国听后很冷静地对我说："灿哥，我相信你只要遇上了挣钱的好机会，一定能挣上大钱。"接着他又继续说："像二舅，起初是在石河子造纸厂当临工，冬天每天是两元八毛钱，夏季工钱当然多一点，但还是不十分如意。后来遇上了一次做生

---

① 岳永群是岳永灿的堂妹，是后文出现的唐伏全的妻子，也是岳永国的姐姐。彼时岳永群已经在石河子，她的弟弟岳永国在四川老家。

意的好机会，挣钱就多了。从那时起到今天没几年，生意越做越大。二弟永宏专门给他开车运货，我每年冬小麦种完后，也要出去帮他站商店，到第二年夏天农忙才回来。"还说他小弟弟一直在石河子造纸厂打临工，目前在给二舅家煮饭；姐夫唐伏全一直在石河子农学院煮饭；姐姐永群在家里照看两个孩子，现在小外甥大一点了，姐姐也要出去打小工挣钱。我越听心里越热乎，便提出今年冬小麦种完后，想跟他一起到石河子去找活儿干。当时就把他难住了，低头不语，停了好一会儿才抬起头来说："灿哥，不是我不想带你去，是因为新疆地区气候特殊，每年夏秋季节去，如果城里找不上活儿干，到兵团的连队上去都能挣上钱；唯独冬季到第二年的春季有很长一段时间，野外的气温要降到零下二十几度，到处一片冰雪，乡下兵团没有活儿干，不要说是去挣钱拿回家，饭要吃得上才行哦。"我毫不退让地又说："老弟，如果到了开春后，家里都忙不过来，没有时间外出，只有趁冬季闲时才行。难道一点办法都没有吗？"他想来想去又说："我原来在煤厂挖过煤，只有那个单位任何时候都要招人，要求是人年轻，手脚没有残废，特别是耳朵听力好。小沟煤矿的夏班长和我的关系特别好，只是你的年龄大了一点，再加上耳朵还有点背，很可能进不去哟。"两人讲来讲去，永国实在是没有办法在冬天带我出去，最后还是我下决定，叫他今冬带我出去，一切后果我自己承担，不让他为难，并提出尽量提前走。等他点头同意后，我才满意地回家了。

今年（1991）冬季到石河子去找活儿干，妻子很支持，但我还是怕明年双抢①季节时她想不出办法把农活儿干好，为这事我又转身到元坝岳父家去征求意见。结果是两位老人都叫我走，他们还希望我这一次去新疆能够顺利地找上挣大钱的活儿，好改变家庭环境。因为家里的承包地实在太差，三个小孩子一年比一年大，要吃要穿还要送去读书，按现状看，粮食和经济都跟不上，必须想想办法。后来我的亲弟弟永贤知道后，也来劝我到新疆，还说在石河子做生意的彭复生②老板原来和他很熟，又说我的一切情况他早已经告诉（彭老板）了，这人听后表示同情尊敬，如果我真的去找他帮忙，相信不会拒绝。

为了提前外出，我和妻子从种冬小麦起，只要不是下大雨，天天忙得不停。快到结束的时候，我又要到永国家帮忙，因为他家的地是大泥，不像我家是沙泥，他家收庄稼的时候比较费劲，速度要慢些。哪知道他家今年比我家还要结束得快，原来是白岩沟的岳世才一直在帮他。见面时岳世才对我说，他今年冬天也和我一样请永国帮忙，一起到石河子去找活儿干。听说外面好挣钱，决定出去了就不回来，所以田和土都转包给别人了，只留了一点

---

① 双抢，是农村夏季抢收抢种的简称。四川普遍是小春抢收，大春抢栽，这期间被称之为"红五月"。

② 前文岳永国提到的二舅。

菜地给妻子吴慧种菜吃。他还背着永国对我说："这次我们要求早点去，但永国暂时拿不出路费钱，我为凑两个人的路费还要差一点，你能帮着凑一点吗？"我说家里现钱一点都没有，走时也是卖猪，四只大猪都不肥，妻子决定卖两只作路费。既然是永国借路费，我也同样有责任，只有把卖两只猪的钱全拿走，三人共同计划使用，能一起到达石河子就行了。岳世才听后乐意地笑着说："也只能这样啊。"最后和永国决定了三人外出的时间后，才离开回家了。

　　在走的前两天，岳父专程上我家来鼓励我，叫我安心出去找活儿干，家里的一切事情，不管是今年或明年，有他老人家帮助，说完坐了一会儿站起来马上要回元坝。这一下可把我和妻子搞蒙了。爸爸已经是六十七岁的老人，虽然今天看起来他红光满面的，身体很好，但是真的要回去还要走三十里路，怎么行呢？经过我们再三苦劝才留下来住了一夜。晚上连杀一只鸡吃他都说不应该，他说孩子们长身体需要营养，再加上家庭条件暂时还不大好，为了小孩子，大人必须节约，亏只能亏大人，不能亏小孩子。我听后深受感动，老人的爱心和责任心值得我永远学习、佩服、尊敬。

　　1991年农历十月初二一晃就到了，三人在伍保乡的供销社旁边集中后，共同买好了烟等进疆沿途所需的东西，坐上了直达成都的班车。在车上，我和永国像往常一样，平静地互问着家庭的安排情况，岳世才却显得忧心忡忡的。是啊，我们弟兄二人的岳父母都是本地人，自然放心，他不同，因为妻子吴慧是贵州人，没有近亲来帮助她。就为此事，我早叫妻子和吴慧认了家门，互相来往了。为什么不能认为姊妹呢？因为论岳家字辈，岳世才比我高两辈，我们称他"公公"，公公的妻子当然就是称"婆婆"。今天见他那离家的心情，我是理解的。用话去安慰也没有用，想来想去编了几句顺口溜出来想使他开心，我大声喊了一声"公公"后说："我现在编了一首顺口溜，你愿意听吗？"他高兴地对我说："永灿，你讲吧，我喜欢听。"接着我就轻声念道："南人畏葱玉门关，吾心热血融天山。难忘今年四十八，仲冬赴疆衣不添。回眸时看妻儿面，攻坚克难志更坚。仰天大笑出门去，致富路上歌凯旋。"永国听后开心地笑着说："讲得好！"他也似懂非懂地笑了。

　　经过两夜三个白天的旅途劳顿，我们在石河子市火车站下车了。在火车上，分不出南方北方、春夏秋冬，下车后的感觉就截然不同了。当天这里阳光灿烂，但稍微有一点风吹来，就觉得很冷，看来我们南方人来到北方生存，还有一个气候适应过程。永国租了一架马车，拉着我们向幸福路跑去。沿途所经过的街道，我根本记不清楚，直到在旁边有一个公厕的地方下车了。下车后，永国对我和岳世才说："从公厕这巷子进去，第一间屋子就是姐姐租住的地方，你们暂时只能住在她家。吃饭的事情，我会向姐姐、姐夫讲清楚，先吃后算账，一切我负责。二舅那里房子不宽，妈还住在那里，我去只能搭地铺。所以，我们只能分开，请原谅。"

我说出了门就不管那样多，只要有遮露水和吃饭的地方就不错了，只有打工挣钱的事情才要真正麻烦老弟请求二舅一下。"这事你们不要急，我会想办法的。"说着，他提起挎包，带头向永群家走去。

今天，永群在石河子农学院打扫清洁，已经下班回家了，见她弟弟引着我和岳世才进家时，热情地接过我们的行李包，同时招呼我们坐床铺，又把她的两个孩子叫到我跟前，教他们俩喊"大舅"。这一下我愣住了。原来我没有问永国到石河子后住哪一家，家里有些什么人，一点准备都没有，卖猪的一百七十元钱全交给了公公统一安排，我身上一分钱都没有留，实在是羞得无地自容，连连说对不起孩子们。永群忙笑着说："大哥，这种事情我也遇到过，当妹的不怪，以后就好了。"

为什么只能叫我们坐床呢？因为看起来是两间屋，实际上可能没有三十个平方，左右两张床中间是用木板隔着的。里面永群夫妇的床前面，放着一排家庭用具和煮饭的锅灶；外面叫我们坐的这一张床的前面放着衣箱和小木柜，中间如果是两个人对着走过就有点儿挤，就是有凳子也没有地方放。永群见我和岳世才很不自然地坐在床边，又笑着说："这是我小弟弟睡觉的地方，他现在还在造纸厂上班，冬季每天劳动八小时，四元钱一天，马上就要回来了。"永国见我俩基本上安排妥当了，才告辞到二舅家去了。

下午八点钟的时候，小弟岳永望才回来，进屋经永群介绍认识后，他十分开朗地叫着我们说："公公，灿哥，我们全家就是我一个人最笨，不会做生意，只能干活儿。造纸厂冬天的活儿不算重，每天四元钱干八个小时，就是距家路远，去来两头里。"我们谈兴正浓时，永群就要起小桌准备吃晚饭，我忙叫妹妹等一会儿，到唐伏全回来后一起吃。永群便解释说："他是在食堂吃，每天早上六点钟就要走，晚上十点过才回来。"

饭后，除了两个孩子和永望睡觉了，我们三人都在谈个人的家庭现状和今后的打算。直到晚上十点钟唐伏全才回家，进屋看见我们两个人坐在床上，他那诚实的脸上露出惊讶之色。永群忙站起来指着我俩说："你认不出来吗？这个是岳世才公公，他是灿哥。"伏全忙说："我确实是没有认出来。我家现在条件不好，生活上要你们多多原谅。"我和岳世才齐声回答说："给你们添这样大的麻烦，我们都实在不好意思。"他话不多，讲话直来直去，我俩话音一落，他就用有一点责备永国的口气说："国娃儿做事情欠考虑，新疆这个地方他来过多次，冬天要找活儿干很困难，不要说挣钱来养家，自己要吃饭嘛！既然要领你们来，就应该早点来信，等外面的活儿找上了再来就好办了。其实这里冬天也能找上活儿，不过急时不好办。"讲完就声明要起早，准备睡觉了。

第二天早上九点钟吃饭时，天还没有亮明。饭后，她们姐弟二人都要去上班，永群走时对我们说："今天有你们在家我就放心了。每天都是这样，我走时两姐弟都还在睡觉，醒来后她们会自己穿衣吃饭。起初两个还小，不懂什么，走时要锁门，现在可以不锁了。你们在家里如果感到闷了，可以带起两个娃娃出去走一走，外面的空气新鲜些。"

　　岳世才和我头几天都还可以，他们上班后，我们在家感到闷倦了，就带着两个娃娃到外面走一走，抽一抽烟，谈一谈个人今后的打算，真的还好混。十天过后，我们就愁起来了。永国才来过一次，说二舅不在家；永群每天照常上班，回家来还要煮饭照顾我们。我们一切事情都帮不上忙。虽说她每天都是乐呵呵地忙事情，我们心里不好受啊。后来永群看出来了，她才对我们讲："二舅关系广，能想办法，但出去进货还没有回来。我和永国已经商量过，他先带你们到小沟煤矿去看一下，如不行，回来我就带你们到馍馍店去拿馍馍卖，钱肯定挣不上多少，只要能混点吃的就行。那里可以干一天算一天，说不干就不干都行。等二舅回来后，再请他给你们找一个固定的事情干。不过，冬天在哪里打工钱都很少，要挣钱还是要到夏秋季节才行。"听后，我俩随后就说"就先到小沟煤矿去吧"，原因是听说那里工钱要高些。

　　谈话的第二天，永国就过来带着我们到了小沟煤矿。进煤矿的右边大坡脚下的沟里是几座砖木结构的平房，说是煤矿各单位办公的地方；左边的大坡上，从半坡到坡的脚下都是坟堆。初见时，有一种阴森恐怖的感觉，据永国说，历年来在挖煤过程中不幸死去的工人就埋在这里。我的心里根本没有感到害怕，岳世才显得不同，他不停地说腰疼，脸色显得很难看。我们在平房边的公路上下车后，直接向里面的煤井走去，因为夏班长和工人就住在里面。

今天正当夏班长休息，见面时，经永国相互介绍认识后，夏班长对我和岳世才说："你们如果没有累，可以到处去走一走、看一看，我和永国办生活去。"说着便从他的宿舍出去了。这时，公公岳世才问我："假设同意我两个在这里挖煤，你愿意干吗？"我想了一想说："冬天看来这里的活儿不太好找，为了眼前的生活，决定干。"他说："同路不失伴，你要干，我必须留下来和你一起干。不过，你的耳朵不灵，一定要注意安全，不能出事故，一旦出了大问题，你家那三个孩子怎么办呢？"我说那是肯定不好办啰，但我相信死生有命，劳动的时候尽量注意一点就行了。

因为天气较好，我俩在宿舍谈了一会儿话，就出来在公路上走着到处看了一看。那里的工棚比较低矮，到处的烟囱里都冒着烟，里面没有熟人，只能在公路上走一走。阴历十月十几新疆的气温与四川老家不大相同，我们刚来还是不大适应，在外面只站了一会儿，就又回宿舍去了。回去时，见他二人正忙着煮饭，永国笑着说："怕冷还是进宿舍吧，饭马上就好了。"

午饭刚端上桌子，还没有吃，夏班长就看着我说："岳大哥，请接受我这样的称呼吧。你的为人、家庭情况、年龄和你的耳朵听力不行，永国都跟我讲了，为了你的安全和你的家庭，我和你只能交一个永远的朋友，这里的活儿你不能干。论煤矿招收工人的规定，你的年龄大和听力差都不能收，望你今后和永国常来玩。"他接着又说："岳世才是符合规定的，如果你愿意留下来干活儿，今天我就向矿领导介绍，并用你的居民身份证去签订劳务合同，明天就可以正常上班。"夏班长的话刚讲完，岳世才就脱口而出说："我也不干，同路不失伴！"夏班长微笑着说："好。还是望你和永国常来玩。今天是你们二人来这里的第一次，饭菜不太好，请不要讲礼，随便吃。"我和岳世才就一声未吭地开始吃饭了。

晚上回到石河子，我俩刚进屋，永群就问："公公，你和灿哥到煤矿去干活儿落实没有呢？"岳世才回答说："只留我一个人，就没有同意在那里干，我俩要在一起才能相互照顾。"永群听后轻声安慰着说："不要急，明天我抽点时间到馍馍店去一趟，联系好了暂时去卖馍馍吧。"

第三天早上八点钟，永群领着我们，冒着凛凛寒霜，走街串巷，四十多分钟后来到了馍馍店，店里有四个壮年男子正在吃馍馍。永群对我们说："他们就是给老板卖馍馍的工人，吃馍馍不用给钱，今后你们也是一样的。"讲着她就引我俩到里面那间屋去找老板。走进去一看才知道，这个阵势不小啊！机器正在加工馍馍，两口大锅上面的蒸格耸得很高，一口锅里的馍馍已经熟了，正在取出倒给卖馍馍的工人，另一口锅又还正在上生馍馍。永群进去只讲了几句话，就叫我俩去拉推车。我们把指定的推车拉过来之后，老板马上拿来一块白布铺在车上，紧接着就是一蒸格熟馍馍倒在了里面，并盖上了夹有棉花的白色被子。永群又对老板说："请你放心，一切都由我负责。"同时示意我俩往外拉。从厨房的后门出去后，到了大街上，永群又说："你俩个都不会骑车，没办法才打了这个笨主意。起初，你们都不熟悉，所以只安排了一辆车，你们二人合伙卖，要一边走一边大声喊'卖白馍'，一条一条街道地喊着走，直到卖完才回店交账。你们的工钱是计件，老板天天结账就给，不欠账。每天卖馍的时间是早上九点到九点半钟，中午一点半至两点，下午八点至九点，其他是休息时间。每天早晚都摸黑出门，天气又冷，十分辛苦，特别是灿哥年龄又大，我很担心。等二舅回来后，我会马上请他想办法。还有就是你们饿了可以吃馍馍，不会扣工钱。"她一切交代清楚后就回去了。

永群走后，我的心里既十分难过又感到温暖。难过的是这一次我们给她带来了太多的麻烦，很难报答；感到温暖的是，我这一生没有亲姐妹，永群这样待我，比亲姐妹还要好，难忘啊！

我和岳世才推着馍馍车一边走一边大声喊，就只在九点半时卖了六个，中午那一段时间一个都没有卖掉，只见到卖馍馍的很多工人骑着自行车吆喝而过。公公问："永灿，你看这馍馍店是不是只有一个？我俩又是走路。假设只有一个馍馍店，人家是骑车，先到的已经卖了，后到的又卖给谁呢？这事还得麻烦永群，请她退回去。现在把馍馍推回幸福路，等永群下班回来再说。"

　　好在永群是打扫卫生，有时唐伏全还要帮着干，因为要回家照顾两个孩子，今天同样回来得很早。她刚一见到我俩和馍馍车，好像知道了似的，还没有等我们开口，就和气地说："没有啥，我拿去退了。"接着安慰了两个孩子后，就推着车到馍馍店去了。

　　永群从馍馍店回来后，一直在和我俩讲话，安慰我们。我和岳世才整夜翻来覆去地睡不着，为了不影响他们休息，除了抽烟，还是抽烟。第二天早上还是跟以前一样，到了天亮我们吃饭的时候，他们三人已经上班去了。饭后，我俩准备到外面透一透气，走一走。门刚打开，一股与往常不同的寒气迎面扑来，举目一看，外面一片雪白，美极了！为什么我看见冬天的雪感到的是一种美呢？因为四川的家乡每年下雪的次数很少，一般一年只有一次积雪，最多两次，每一次下雪的时候，我都要在外面高兴地跑来跑去，尤其是雪后的第一个晴天，还要去拿冰块玩。又听大人们讲什么"瑞雪兆丰年"，说是头年下了积雪，来年小麦好。随着年龄的增长，我心里就把下雪看成是一种希望。来石河子已经十多天了，还没有见过下雪，今天见的是新疆积雪，比起家乡的积雪实在是厚得多啊！按"瑞雪兆丰年"的说法，就表示明年这里的小麦会好，我的心里好像升起一种希望似的。把门关上后兴奋地喊着岳世才说："公公，这才是新疆的气候，太美了！"等到两个小孩都起床吃早饭的时候，雪早就停了，在阳光的照耀下，门外显得更美了。

今天，永群下班回来和往常的精神不太一样，她进屋就拿起小凳子坐在我俩面前说："早知道二舅昨天就要回家，还不该叫你们到馍馍店去了，吃了一天的苦什么都没有得到。"我俩惭愧地说："我们吃啥苦啊，昨天把你麻烦成那样子，我们的心里才是真正不好受啊。"她坐了一会儿又马上去煮晚饭，在煮晚饭的时候，也一直在安慰我们，要我俩放心，说二舅人好，不会不管。晚上永望回来听姐姐说二舅进货已经回家了，便高兴地说："我去向二舅要求，把灿哥两个安排到造纸厂去打小工，这样，我们三人一起去来就有伴了。"永群听了便问厂里今年冬季收人没有。永望未加思索地回答说："二舅和厂里那个负责收人的队长关系特别好，不管收人不收人，我看没问题。"

因昨天晚上通宵未睡，今天晚上听了好消息，又吃得饱，上床不久就进入了梦乡。冬天本来晚上时间更长，特别是新疆，这一夜就显得不长，一觉醒来天已经大亮了。我俩还在吃早饭，永国就过来了，他要我俩马上过去和二舅见面。

遍地积着厚厚的雪，路实在不好走，并且又是从温暖的室内刚出来，我和岳世才冻得发抖。永国笑着说："这才是十月份的气温，要是到了冬腊月，外面才真正难受。过去的路不远，不到半个小时就到家了。去就有火烤，放心吧。"

从石河子农学院过去不远，在一条大公路旅客上下车的旁边，是两间砖木结构的平房。永国指着平房说："那里就是二舅的商店，我们进去吧。"三人走到商店门前的汽车旁边，我看见有客人从商店买东西出来，外面刚下车的旅客又有一些向商店走来。为了不影响生意，我提出暂时不进去，等没有客人的时候再说。永国一声不吭地向商店左边的后面进去了，不一会儿，叔娘（永国的母亲）出来叫我俩到后面吃饭的屋里坐，怕我们在外面受冷。这时，二舅彭复生也出来了，他指着我说："你就是岳永灿嘛，岳世才我早就认识。听你兄弟讲，我两个还是老庚①，今年四十八岁，你是哪一个月生（日）呢？"我略带调侃地反问："你是哪一个月（出）生的呢？""阴历四月。"他很诚恳地回答说。"未年属羊，羊吃素，你出生在四月，草食丰盛，所以你现在已经成了大老板；我出生在阴历十月，这个时节的草会在什么地方呢？因此，今天出来找饭吃，请你不要见笑。"等我讲完，大家都笑起来了。彭复生伸手拉着我走进商店里，他进去仍然要招呼顾客，我和岳世才就站在柜台前的火炉边烤火，火太大了，受不了。永国进来见我俩离火炉远远的，知道是什么原因，马上又叫我们到后面吃饭的屋里去。进去一看，原来这一间屋也不大，周围都堆满了货物，中间有一张直径大约一米的饭桌，上面放着几碗稀饭，像是准备要吃饭的样子，桌子四方都有凳子。老人再三要我俩吃了饭才走，我俩还是推脱走了。

---

①　同龄人之间的亲热称呼，指同年出生的人。

时间还是过得快啊，一晃我们在永群家已经生活了二十天了。每天早上八点钟都看见永望一个人悄无声息地起床煮饭，吃饭后去上工。今天早上他的精神不同了，煮饭时有讲不完的话，自始至终重复着他二舅对人好、朋情宽、办事认真和造纸厂的活儿不重，并且每个月能按时发工资……饭后，我和岳世才就跟着他到厂里去了。

新疆的农历十月二十四，早上九点钟以前，天还没有亮，不过，在雪光照耀下，如同白昼。天气虽然好，连一丝风都没有，因气温低，还是觉得很冷。沿途的街道上除了三三两两晨跑的男女老少外，大多数人还在睡觉。我们到底经过了哪几条街，根本记不清楚。直到九点半钟走到造纸厂的办公室门前，这时，天已经亮明了。因上班时间十点钟还没有到，办公室的门还是关着的，我们便在一旁抽烟等候。刚到九点五十分，到办公室上班的工作人员就陆续来了，突然永望说："队长来了，我先进去问一下，再出来叫你们。"他进办公室约两分钟就出来说："你两个快到办公室去吧，我要马上去上班，不能迟到。"

我们二人刚进办公室的门，里面一位约四十来岁、身披灰色风衣、面色和蔼的男性工作员就问："你们有居民身份证吗？"我俩同时回答有，并马上取出身份证，双手递了过去。他接过身份证反复看了后说："过来吧。"我俩走到办公室桌前，他从抽屉里取出两张合同书说："你们好好看清楚合同上面的相关要求，如果没有意见，就在乙方一格里签上你本人的名字，今天就可以上班；不同意就算了。"岳世才抢着说他不识字，我就问帮着签字行不行。工作员说行，合同一样生效，接着我就开始看合同书上的相关规定了。

因公公说他不识字，所以我就边看边念上面对乙方的要求情况，念完后我讲了一声"合情合理"，就在其中一张合同书上的乙方那一格签上了"岳永灿"三个字，并双手递了过去；公公岳世才也叫我把另一张签上他的名字。这位工作员接过我们二人的合同书后，就把身份证退给我们了，并马上带我俩到班上去上工。

吴班长把我俩带到工地上交给了正在劳动的老工人们，叫他们在生活上要关心我们，劳动中有不懂的地方要多多帮助我们，到我们熟悉后就好了，还特别提到劳动过程中的安全问题。安排妥当后，他和送我俩过来那一位工作员回办公室去了。他俩走后，这些老工人才说，送你们过来那一位领导是造纸厂建筑大队的大队长。他们又自我介绍姓名、原籍，原来，他们都是四川、河南、甘肃三个省来的，各个都非常热情，并再三宽慰我说："你是岁数大一点，不过，这里的活儿不重，就是到了明年春夏，那些活儿你都能干，没问题。这里只有头一个月会压钱，不发工资。到了第二个月就好了，每个月的三号会按时发钱。"他们的一席话使我心里暖和多了。其实环境也很暖和，因为是在一个很大的新厂房内棚里面，厂房内的四壁都安有暖气管。来时在外面感到很冷，这时我推着车出去一点都不觉得冷了，不知道是什么原因，可能心里暖和了吧……

一个养成了劳动习惯的人，闲着时间难，只要有活儿干就好混了。今天，我根本没有感到累，一天的劳动就结束了。等我们三人下午下班回到幸福路家里时，永群下班回家晚饭都煮好了。刚进屋，她就把温水壶和洗脸盆拿过来叫我们洗脸、烫脚。吃晚饭的时候，永群关心地问我说："岳哥，你的年龄大一点，那种活儿干一天受得了吗？""一点问题都没有。"我精神轻松地回答说。"那就好。你们还没有回来，我就在考虑每天早上去上班这一段路太远。从现在开始，天气越来越冷，为了早上少吃苦，你和公公问一下班头，工棚有床位没有，如果有，我会和唐伏全商量借一百元钱给你们作生活费，再带一床棉絮过去，一切就都解决了。"还没有等永群讲完，公公抢着说："永群，今天，厂里的一切情况我都问清楚了。厂里的临时工平常全都出去砍苇子杆了，剩下的床位多得很，只要自己愿意到那住，班头不管。你今天有现钱借给我们，我俩也就不回来了，因为这路实在太远，早上去时冻得不行。"

第二天早上，我们还在吃饭的时候，永群就拿着五十元钱，还抱着来一床棉絮，对我和岳世才说："对不起你们，如果路近，我和伏全是不会让你们出去的。今天家里只有五十元钱，你们暂时拿去生活，再过几天，我会叫永望再送五十元来。"公公高兴地接过钱说："谢谢你！"我吃完饭就叫永望拿来纸和笔，写了一张借一百元钱的条子，双手送给永群。她很为难地说："不要借条，我和伏全相信你们，人亲财不亲嘛！""借条一准得要。还有，在你们家里两个人五十五天的生活费，我们到了领工资的时候，会商量好补给你。"我讲完话后把借条递给她了。

在上班的路上，公公问我："暂时的生活怎么安排？一百元钱是两人一个月的生活费，一不分伙，共同生活，怎样开支，同你自由安排。要等到领了工资才能分开。"我说："也只能这样，一个锅费柴，两个锅费米嘛，要等到领工资那一天，时间还早呢。"因为，头一个月里工钱作押金，不会给钱。到了第二个月劳动结束，才发第一个月的工钱，到第三个月劳动结束后，又才发第二个月的工钱，以此类推。两个月的劳动时间，才借到一个月的生活费。所以，在开支钱的时候，必须精打细算。另外，我和岳世才还得好好准备下一个月的生活费，不吃饭是不行的，他自然清楚。

头一个月我们二人不忧不愁地过去了。老工友们高高兴兴地领回工资在加餐，我和岳世才坐在床上抽闷烟。他还从衣服里拿出仅剩的钱问我怎么办。我莞尔一笑说："八仙下海，各显神通，分伙吧！"他十分为难地说："也只好这样办啊。"

我接过分得的十元零九毛钱说："谢谢你，公公。只用来买面粉和盐，柴又是在工地上找，除了用钱买肉和菜，只有烟钱艰难点，慢慢地熬吧，一个月时间会很快过去的。"其实，我最担心的还是家乡的妻子和儿女，他们冬天不好过啊，太冷了。

每天三顿煮饭、吃饭的时候，工友们都在一起。我和岳世才的生活现状他们都很清楚，特别是我俩分伙后，河南的工友们对我最担心。他们都说："你的生活太差，要注意身体啊！"有一天，我一个人在工地筛沙，正当吃午饭的时候，河南籍的李班长提着大约有十多公斤的面粉向我走来，十分关心地问："你吃午饭了没有？"他没有等我答话又说："这半袋面粉你不要嫌它，拿去煮来吃饱了才好干活儿。"我万分惭愧地接过面粉，喊了一声"谢谢"！又看着那半袋子面粉，心里热烘烘的。铲沙子的双手是越铲越有劲了。

只有十元零九毛钱生活费的第二个月，在河南的李班长和老工友们的帮助下，愉快地过去了。在三号领工资的上午十一点钟，大工王师傅说："老岳去领工资吧，这里万一灰浆不够，我会铲的。如果下班后去晚了，那时会计和出纳也要下班。"

第一次双手接过装有工资的信封时，我心里高兴的那种滋味实在没法形容啊！出纳员见我转身过去，忙叫着说："岳永灿，先点钱，再看清楚里面那一张计算工钱的条子，还要盖一个你的手印。假设你的工天算错了，就把条子交给吴班长，他会拿到我们这里来核对的，补发的钱他会给你带回来。"我马上停步看了一会儿条子就说是对的，并在她的账簿上写着我名字和工资的那一栏按上了手印。在回工地的沿途公路上全是很厚的冰雪，但脚下没有一点冻的感觉，心里更是暖和。

中午休息的时候，我和岳世才商量了一下，决定请岳永望向永群讲明，我们家遭的困境，欠她的钱缓一下。公公还说："我这一百零几元钱只留四十元生活费，其余的全部送回去。到这后将近三个月里，只要想起吴慧和两个儿子，心里不好受啊！""我也只留四十元生活费。现在离上班时间较紧了，去邮局吧。"我说着放下饭碗就跟他一起汇款去了。

接近年关时，都是临时工友们喝酒划拳的喊声。我为了节约钱，从不和他们在生活上交往，因为"受人之桃，投之以李"的处事原则是懂的。

过年的头两天晚上，宿舍的一位老工友生气地在那里说："过年了，谁又不想好好地过一个团圆年，还叫我去跟车运苇子。"一旁的工友们打趣地说："一天算两天的工钱，那是班长在照顾你啊！""你们想钱你们去吧，我马上去给班长讲，一定办到。"他更生气地说。我灵机一动走了过去，问他是不是真的能换人，这位工友见我想去，喜出望外地问我："你真的想去吗？""对。年关是休息，没活儿干，我真的想去啊。"我的话音一落，他就站起来拉着我的手说："请你放心，明天早饭后我就带你到办公室去找吴班长。"这时，我们四川的金志乡对我说："好啊，你和我做伴，沿途好摆龙门阵。""你也要去？太好了！"我说着回到自己的床上，高兴得一夜翻来覆去地睡不着。

　　腊月二十九的早上，天还没亮，金志乡就来叫我起床了。两人在结冰的公路上走着，冻得直抖。走进停车场时，只见每一辆汽车的司机师傅都在用柴油棒点着的火在车头下面烤。到了我们坐的那一辆车前，金志乡喊了一声"辛师傅好"，这位清瘦、满脸络腮胡子、大约四十来岁的辛师傅看也没有看我俩一眼就生气地说："好什么好，去来要一个通宵，除了装车时我能休息以外，其他时间都在路上跑。这还不说，就是团圆年过晚了，想不通啊！"他一边讲话又一边用热气腾腾的开水向车头里面淋。淋了几次开水后，汽车发燃了。辛师傅点燃了香烟，和气地说："二位请上车吧。"

　　从石河子造纸厂出去，在大公路上跑了几个小时，才在一个叫"托托公社"的地方开进了一条小公路。在一望无涯、白茫茫的大地上，除了能看见汽车轮印外，公路在哪里？实在不知道。今天的天气尚好，天上还有淡淡的阳光，但只要把车窗稍微打开一点，外面的风和寒气确实逼人，真是"野阔云垂边塞远，天高几尔燕行斜"啊！我从来没有见过这样宽阔的雪境，便好奇地问："辛师傅，如果突然下起大雪来，把车轮印盖了，公路在哪里又如何判别呢？""一直向前开。"他爽快地回答说。车子经过的两旁，除了凝成冰棍的小灌木外，什么都看不见。

　　中午时分，辛师傅拿出冷馍馍放到方向盘前面说："我看你们不知道沿途情况，没带吃的，我有多的，等在这上面放热一点后，大家都吃一点。这一路没有商店和食店，要饿到进了工棚后才有饭吃。"金志乡说："谢谢你，我昨晚上吃得饱又吃得好，不会饿的。"我没有吭声，只先对着辛师傅笑了笑。

吃了师傅的两个馍馍后，精神好多了，天色也渐渐地暗下来。汽车还在不停地向前跑，前面除了两柱雪白的车灯光外，一切都是模糊的。工棚在哪里啊？我心里在默默地盼望着。

天已经黑了很久了，才看见前方有一朵晃来晃去的亮光，辛师傅叹了一口气说："你们吃了晚饭就好好睡觉，我还要去装苇子杆，我明天走的时候再来叫你们。"车离火光越来越近，最后停下来时，才看清是烧的一堆柴火，还有两个头发很黑的工人在那里抽烟。他俩在汽车刚停时就走过来热情地招呼我们，我们下车后就跟着他们走进了一条大约有七尺深的坑道。从坑道进去，每隔几尺远还有一堆燃烧的柴火，柴火两边是宽阔的门，门里面是一排地铺，地铺上坐着很多头发很黑的工人。辛师傅转身对我俩说："到前面食堂吃饭后，他们会给安排住处的。"

这个工棚里的食堂和厨房很窄，炊事员煮什么完全能看清楚。辛师傅走进食堂后，对那一位可能是班长的人说："你叫炊事员菜煮多一点，他们白天没有吃饭。"班长说不必吩咐，他知道应该怎样办。我坐这一方正向厨房，见炊事员拿着一块大肉在洗，真把我乐坏了。自从我和岳世才分开煮饭吃后，最多就是买点大油吃。大肉不能买，因为家庭暂时有困难。大肉煮豆腐，三个人有半瓷盆，还有雪白的热馍馍。炊事员端到桌上来就说："师傅，志乡，饿坏了吧，慢慢吃。"这位班长站起来对辛师傅说："我这就去安排装车的人，你吃饱了就出来吧。"他说着就出去了。

辛师傅吃饭后马上就走了。我和金志乡还在慢慢地吃，一直等到我俩放碗了，炊事员才进来带我俩去睡觉。在去宿舍的路上，我对这位炊事员表示了深深的谢意。明天不过年，今天晚上就吃这样好，今年这个"路途年"过得太好了，心里美滋滋的。

进宿舍一看，我们的铺早已安排好了。炊事员指着空铺说："二位就睡这里。"说着也转身睡觉去了。

人们常说"吃得饱睡得着"，实在不假，这一晚一觉睡到辛师傅来吃早饭才醒。早饭后出去上车时，天还没有亮明。

汽车的轰鸣声划破了工棚早晨的寂静。两道车灯射进了浓浓的晨雾，轰鸣声越来越大，车轮在开始艰难地向前滚动了。师傅双手握着方向盘，自言自语说："但愿今天沿途顺利，好早点到家过团圆年啊。"

天渐渐地亮明白了，汽车在有车轮印的路上有点左右摆动地向前跑着。沿路路途平坦，除了汽车的响声比昨天大一点外，速度还是一样快。上午十二点过，突然我们前面对着开来一辆载有货的汽车。对方刚一鸣笛，辛师傅就减速了。在两车刹车后，我们的车向右边让了一点，对方的车顺利地过去了。等到我们这辆车再往前行的时候，右边后轮就在向下偏，车上的苇子杆便在向右边倾斜。师傅叫我俩马上下车，又取来两把铁锹说："快去把这些树枝拿来往后车轮下面填，我在上面开车，只有这样做车轮才开得起来。"我俩用铁锹打掉树枝上的冰块，用手一掰树枝就断了。汽车在不停地轰鸣着。金志乡就填树枝，我跑来跑去地拿树枝，填一会儿，又停一会儿。停的时候，师傅又下车来观察一下车轮转的方向。这样经过了一个多小时，才走了不足一米的路。我爬上驾驶座一看才知道，辛师傅的额头上冒着汗珠，看来他比我们着急。从这时起，在小公路上，师傅没有再抽烟，聚精会神地开车，一直上了大公路，才开始讲话、抽烟了。

晚上十一点多钟，我们回到造纸厂的临时工宿舍里。工友们有的还在谈话，也有些早已进入了梦乡。我虽然有一点儿饿，但因太疲倦，故躺在床上不一会儿就睡着了。等我醒来时，天已经蒙蒙亮了。今天是大年初一，跟往常不一样，宿舍外面有人们讲话的嘈杂声和稀疏的鞭炮声。

三天休假很快过去了，我们临时工像往常一样，天天都在新建的厂房里打地坪，有时也要安排到升了温的厂房外去筛沙。不过（筛沙）都是在天气好的时候，干起活儿来也不觉得冷。这种有规律的劳动和生活，时间过得很快。一晃两个月过去了，到边境上去砍苇子杆的年轻工友们也全部回来了，工棚里不再像从前那样冷清，显得热气腾腾的。在春暖花开的季节里，个个谈笑风生。我的精神也不一样了，为了多挣点钱，每天十小时的正常工作时间根本也不感到累，心里还想有加班的活儿干。

有一天在干活儿的时候，大工王师傅对我说："老汉，临时工第一班的李班长是想把你调到预制班去浇水，听说原来浇水那个老汉已经回家不回来了。我当然不愿意你走，但想到那种适合你的轻活儿，又还要劝你去。还是去的好，因为你们小工的工钱在哪里干都是一样的，每天十个小时五元钱。"我听后对他说："师傅，如果我的家里负担轻，这样当然好，活儿好干，钱虽不多但领钱方便。恰恰相反，我家的承包地不好又零星，一个家庭妇女根本种不好。再加上三个孩子吃、用、穿，长大一点了还得送去读书，这里每一个月兑一百元钱回去也是养不活的。"他听后只是摇头。我不管是否在这里长期干，每天都积极劳动，这一点班长是知道的。

2. 二十六章①：妻子肩上的挎包

1993 年岳父的后事刚办完，我就领着妻子到新疆了。我领着妻子回到红旗公社唐叔叔家的时候，他们已经收割豌豆了，我们放下行李就开始帮着干活儿。日复一日地劳动，再加上新疆夏天的天气热，白天又特别长，不要说妻子受不了，连已经是干第二

---

① "二十四章"和"二十五章"的手稿内容比较杂乱，由于篇幅限制，将其省略。在这里主要总结一下前面两章岳永灿的主要经历，作为下文的背景：1992 年 4 月，经亲戚介绍，岳永灿离开石河子到霍城县红旗公社砖厂里面工作，年底砖厂没有活儿干，岳永灿到老板的父亲唐叔叔家帮忙喂牛羊，每月 30 块钱。1993 年岳永灿的岳父重病，唐叔叔资助了他 300 块钱路费回乡。

年了的我都受不了。不过，我们夫妇俩知道干活儿是还借款，是报恩，所以，自始至终都保持着旺盛的劳动态度。只是每天晚饭后不想再谈话，马上就上床睡觉了。

在坡上的粮食已经收回来完了的那个晚上，唐叔叔说："岳师傅，你和小吴累坏了吧，明天小吴可以休息一天，我们上午也休息，下午才干点家务活儿。放心吧，从现在起是打和晒粮食，活儿轻多了啊。"他见我俩情绪低落，又接着对我说："我知道，你们出来的时间也不短了，作为父母，哪一个又不想孩子呢？再加上你们目前经济上还有困难，这一点我们是理解的。要想解决经济上的困难，时间还没有到，要在下半年秋收时节。我听说兵团地方要请外来务工人员拾棉花、掰苞米和砍糖萝卜，并且时间还很多，不过，也听说要自己找地方住宿。只要你们有这种关系，到时候我家再忙也要叫你们去挣钱，不会再留你们了。"妻子听到这里，兴奋地大声说："唐叔，我的幺姑父和表哥就在新源县的兵团。""那就好嘛，今年（1993）秋天，像你们这样勤快，一定能挣上钱。"唐叔叔最后说，"不管怎样，今年冬天，还是要请岳师傅帮我喂牛羊。"

新疆在打粮食和晒粮食的时间长短上跟四川家乡不同，因为家乡夏粮不多，而新疆土地极广，夏季又是全年粮食的主产季节，所以，需要的时间特别长。不过，听唐叔说兵团的活儿要在农历九月中旬后才有，去早了也没活儿干。每天我和妻子都想到下半年还能挣现钱兑回家，再加上每天的活儿确实又轻松多了，所以虽然（劳动）时间长，但是一晃也就到九月十几了。唐家因养的猪牛羊多，就是农闲也有活儿干，再加上他们都是老年人，怎么又不想多个帮手呢？

到了新源县，就住在妻子的幺姑父的亲戚家里。这位亲戚叫丁重喜，要请人干活儿。丁家的活儿干完后，连队其他人的活儿还很多。为了多挣点钱，我俩又向丁叔夫妇要求多住几天，好心的丁叔夫妇爽快地答应了，就这样住在了丁家。每天早饭后，还要带上两个馍馍当午饭，到其他家里干活儿。每天晚上回丁家时，晚饭已经煮好了，只要进屋，丁叔叔就叫我们快去舀水烫脚。等我们洗脚后，他们夫妇才又端出热气腾腾的馍馍和菜，叫我俩上桌子吃饭。饭后妻子想帮着洗碗，他们都不准，叫我们早点休息。在丁家夫妇的关心照顾下，我们顺利地干到农历十月十九日才停工。为了感谢他们，走的时候，我和妻子提出，他们家的工钱不收那样多。丁叔夫妇说："若不是你们要过去打工挣钱，叫你们来我家吃几天饭，你们会来吗？这叫缘分。生活费不扣，今后，如果你们到了新源县，请来我们家玩。"我们接过工钱时，既感激又惭愧……

回到唐家时，已经下过几次雪了，唐家老人说："回来好，回来好！这一次你们的家庭困难暂时解决了，应该高高兴兴地在我家过冬了吧。新疆的冬天野外没有活儿干，再愁也没有办法。"

　　我从回来的第二天早晨开始，仍然像去年的每一天一样，有规律地天天重复着同样的劳动，同时，还有唐叔叔帮着干。除了每一次下大雪后要忙一两天外，其他时候轻松极了。凡是闲时，老叔就喜欢讲改革开放的好处，和他家挣钱的方法。另外，他还向我提议说："你的耳朵不好，做生意不行，小吴人又年轻，听力也没有问题，叫她去学做生意不行吗？"我说行是行，可惜没有这种人缘和机会。这时，他单刀直入地对我说："你和我认识，互相已经原则性交往过了，我又介绍你和小余①认识过，小余现在在霍尔果斯边民互市当经理，这不是人缘和机会是什么呢？"我说初次相识，没有感情，实在不好意思向她提出这样的请求。"我看小吴在新疆要想干农活儿挣钱不行，还是改行吧。你不好意思讲，我会帮你讲。今年已到腊月，不说了，明年过了正月十五后，和我家的三儿媳妇一起到霍尔果斯去学做生意。一切我会给你办妥，放心吧！"唐叔用决定性的口气对我说。

　　在唐叔的关心帮助下，妻子从九四年农历正月十七就跟小余到霍尔果斯学做生意了。我在唐家一直干到牛羊上山了才出去另找活儿干。因各种原因，没有去口岸。在上半年薅苞谷、甜菜的草和下半年砍糖萝卜时，又到新源县丁家去干活儿了，因为去年冬天离开的时候，丁叔夫妇叫我们第二年一定要再去帮他干活儿。

　　记得是当年农历八月的一天，妻子从口岸回红旗公社唐家来

――――――――――

① 唐叔的三儿媳妇。

了，又从唐家问到了我住的建筑工地上。见面时，她滔滔不绝地对我说，唐叔的三儿媳妇在霍尔果斯所在地的兵团的连队上买有一座平房，她过去的这一段时间里一直和她们住在一起，吃饭也是在一起。每天早饭后，就跟着她们步行大约半个小时才能到达边民互市。前几天，就拿着小余给她的俄语书，一边读一边在接触外国人时听人家讲的话是否合乎书上写的。开始还是听不大懂，有些话实在听不懂时，又问小余。时间长了，又天天都要接触外国人讲话，慢慢地就听得懂又会讲了。

小余在边民互市有柜台，那种柜台上的生意一要租金，二要购货的成本，另外，还要有生意场中各方面老板的人缘。那种生意我家不但不能干，连想都没敢去想。后来，小余为了（帮）她做生意，又带她到专门停过境货车的停车场去看。那里每天都停有很多货车，但商店很少；就是有商店，坐在驾驶室中的中外驾驶员要买点东西也不方便，所以，停车场里就有生意。这种生意没有啥好学的，只要有驾驶员需要的东西，还要勤走勤问，不管人家要不要都厚着脸皮去问就行了。

后来做生意没有本钱，是小余给了她五公斤瓜子，两条外国香烟。为了她卖出来的钱变成再买瓜子和香烟的本钱，她很长一段时间都在小余家吃饭，因为她家不收饭钱。

买生瓜子自己炒来卖就能多挣钱，但要本钱多，买少了，连队的人不会卖。现在有一点儿本钱了，想下连队去买，一个人又办不好，所以，要我马上跟着到口岸去。我听来听去才对她说：
"我做生意不行。那里打工的情况你清楚吗？"她说打工是有季节
性的，并且那里打工的人又多，挣钱的时间不长，闲时帮着煮饭、
炒瓜子，提一下挎包就行了。我因为正在做工地上的工程，当时
没有跟着走。到了第二天，妻子依依难舍地离开时，我的心完全
凉了。望着她那慢慢消失的背影，呆若木鸡……

3. 二十七章：诚信善良的新疆兵团人

九四年秋末冬初，我仍然返回新源县的丁家去干活儿挣钱，
因为总认为那里连队的职工不管是哪一家都好收钱。同样一直干
到农历十月廿日后，才又回唐家了解妻子在口岸的情况。今年
（1994）冬天，老人都要我马上到霍尔果斯去，说妻子一个人在口
岸太艰难，不过生意还是做得较好。我看她们都是好心，因此，
第二天我就到霍尔果斯了。

冬季的口岸野外是寒冷的，但夫妻二人现在一起共同求财，
所以心里好像温暖多了。听说妻子原来每天都要十一二点才出去
做生意，自从我到口岸后，饭是我煮，有规律地正常吃早饭后，
能天天提前出去做生意了。

到了停车场①，她们四位做生意的妇女都一样，闲时大家在一
起聊天，左手上还是拿着瓜子和香烟，虽说不重，但冬天气温极
低，也难受。而她们都说是习惯成自然，心里想到挣钱，不知道

---

① 霍尔果斯联检大楼北侧的停车场，原国门小市场所在的地方。

冷……

肩上挎包里的瓜子每天刚出去时，不低于五公斤。我每一天的工作就是帮妻子背挎包，她走到哪里就跟到哪里。那三位老乡都打趣道："小吴（吴思琴）现在享老公的福了。"

刚到口岸几天，我和妻子就借着板车下连队买生瓜子。经过第一次后才真正知道，原来她说一个人不好办是真的。因为连队有瓜子卖的职工不多，就是找到有瓜子卖的职工家里，有个别家里也不是有很多瓜子。另外，当时的白瓜子比花瓜子好卖些，又要专门去找白瓜子，而白瓜子又稀少。两人冒着严寒跑了一天，走了不少路，终于如愿了。

自己买生瓜子炒来卖，是要多挣钱一些。从此次后，我在农闲时，又多了一份正当职业。夫妻二人有规律的生活使身体精神好多了，再加上生意每天能多挣点钱汇回家去养孩子，也是一种自我安慰。

不忧不愁的日子过得更快，转眼又是九五年春暖花开的季节了。新疆的春天跟四川一样，大地又披上了绿色的盛装，不同的是，这里的白天超过了十六个小时。日照时间长，给庄稼生长带来了好处，因此，这里是生产粮食的好地方。

霍尔果斯口岸地处兵团附近。我们的住房租在兵团的连队里，因为房租费比起口岸要便宜些，只是每天做生意去来要多走大约三公里。像我这种还想打工挣钱的人又有好处：周围职工要请人干活儿的消息很灵通。记得第一次到连队王家去砍糖萝卜，是当天早上见面时讲成的，并且讲好后马上就上工。

在新源县丁家打工因有亲戚关系，吃住在他家，到结账时是给了适当补贴的；到其他职工家干活儿午餐自带，工钱不管是哪一家没差分文，而且完工就付钱。他们都说出门打工挣钱很辛苦，借故克扣工钱是不道德的。

在连队王家打工的午饭是吃主人的，每天中午都是和老板一起回家。他吃饭，我休息，午饭后又一起上工。糖萝卜砍好后马上就给了工钱。

后来家门师傅岳定几叫我跟他到其他连队修房子，当时我没有吭声，原因是以前在其他地方的工钱至今没有收到。他见我面有难色，就说工钱你放心，我在这里干活儿的时候，连队职工不会无故拖欠工钱的。结果确实是这样，完工当天就结账付款了。

接近口岸的连队的庄稼种类跟新源县一样，也是上季小麦，下季苞米、黄豆、糖萝卜。只要到了连队要请人干活儿的时候，我就不再帮妻子背挎包，每天都要出去找活儿干。有时生意差一点，妻子都要和我一起到连队干活儿，因为每天要多挣点钱，并且天天同样是现钱。

下季掰苞米、割黄豆、砍甜萝卜都是包工，按长度给钱，并且还要给一顿午饭吃。每个职工家里午餐的菜里，都带有很多的大肉。我的心里总认为主人待我们打工的这样好，如果我们没把粮食收干净，就真的对不起主人了。所以，我不管在哪一家干活儿，总是以收干净为目的，不是为了多挣一点钱。在劳动过程中，有时主人是跟着的，他们也要在收过的庄稼行子里走一走，把收漏了的粮食捡起来，同时向打工的人打招呼，要求收干净点。

到了收割的季节里，请人干活儿的主人多，从口岸出来打工挣钱的人也同样多，所以，时间不长就结束了，特别是近处连队的活儿结束得快。我为了挣钱，还到远处连队去干过两天，那里太远了，从我的住房到工地有五公里多。吃早饭后走上五公里多路，到达工地时，总觉得又累又有点儿饿了，干起活儿来慢得多，也只干了两天就没去了。到连队打工的活儿结束后，又跟着去做生意。

据妻子说，生意上的收入每天都不一样，有时多有时少，但最低一天也不会低于二十元。以当时的物价计算，我家五口人，平均一天有二十元钱，用节约点还是够了。

4. 二十八章：难忘的 1997 年

夫妻二人九五年终于挣钱和生活都在一起了，年终回忆收入时，比去年各在一方强多了。又想到已经离开家里的三个孩子两年多了，头一年孩子是跟八老弟生活在一起，后来因他家活儿忙不过来，孩子就和母亲生活在一起了。但老人身体不好，还说二娃调皮，不好管。根据我们在外面的具体情况，只要重新租一间比较大的房子就行了。因此，我们九六年的奋斗目标是尽量早一点接三个娃娃出来，并且请母亲同来。

如果孩子们真的接到了霍尔果斯，还得继续读书。为了孩子上学近，就必须到口岸租房子，所以，九六年除了努力挣钱外，还要到口岸把房子租好了才行。

当时口岸的出租房紧张，就是能找上，因我家的经济条件太差，也出不起房租费。后来经人介绍，在九六年上季，从连队搬到了口岸的边沿七连桥桥头朱老板家，但房子很窄，母亲和三个孩子来了住不下。一直住到当年的下半年，距朱老板家不远的张会计家里有连着的两间房子要出租，妻子马上去找到张会计，并落实搬迁到他的院子里。从那时起，就决定当年冬天等家里的学生课程结束时，请母亲把三个孩子送到口岸来。

从九三年五月与三个孩子分离后，已经有三个年头没有在一起过团圆年了。在九六年这个团圆年的桌上，我和妻子看着三个乖而健康的孩子，对母亲有难以表述的谢意。我俩除了教三个孩子不得给外婆惹事外，其他什么都讲不出来……母亲当然也感到非常幸福、满意。

其实，桌上吃饭的六个人当中，感到最满足、最幸福的人还是我。因为假设没有改革开放政策，又哪来这一家人呢？再加上改革开放十多年来，国力蒸蒸日上，在阳历今年的七月一日，香港就回到祖国的怀抱了。所以，心里感到最满足、最幸福的还是我啊。

九七年春节过后不久，学生又要报名读书了。我领着三女儿到霍尔果斯口岸小学去找校长，她只是问有没有转学证，待我递出转学证时，校长向着办公室里的一位年轻女教师说："郝教员，给岳义君报名吧。"同时她又把转学证递给郝老师。就这样，女儿的入学手续顺利地办好了。

今年三个孩子都在身边，我和妻子的精神更不一样了，每天家庭都显得热气腾腾的。为了大的两个孩子继续学习，我完全停止了打工挣钱。白天除了煮三顿饭外，全部精力都用在备课上面；每天晚饭后，就给两个孩子讲医学知识。他们白天在街上卖瓜子的时候，就复习头天晚上的学习笔记，并要求硬背；晚上再讲新课，并要求记笔记。就这样坚持到大女儿转进家乡卫校读书为止。

去年，夫妻二人每天开口都是讲挣钱和家里的三个孩子；今年挣钱养家的只有妻子一人，孩子又在身边，所以，每天她回到家里的时候，除了安慰母亲外，更多的是讲外面那些生意人都在议论香港回归的事：什么叫"一国两制"，什么又是"港人治港"，等等。我听来听去只有说："那是伟人的构想，至于这些方法的精深含义，我们又怎么知道啊？"

记得是二月下旬的一天下午，妻子从回家后到吃过晚饭，都没有讲一句话。我都感到有点儿纳闷，不能是今天生意上吃了亏吧，要不，她怎么会这样呢？直到我都上床睡觉的时候了，她才靠近我轻声说："听说邓小平老人逝世了！"我见她那神迷的样子，就大声问她是什么事。刚听清楚，我的脑子里就突然"轰"的一声，眼泪不知不觉地淌了下来。这又是一生中的不眠之夜啊！从少年到今天同妻儿们幸福地生活在一起，一桩桩，一件件的事情经过，像银幕一样在脑海里翻来覆去地出现着。一直到第二天天已经亮明了，我才起床拿起笔写道："唯物辩证第一流，舍己为民名千秋。宏论经纶四化计，赤县步入极乐洲。香港回归近咫尺，恩公应饮庆功酒。永恨天公眼全瞎，十亿人民泪长流。"

后来妻子跟我商量说："没有收音机，又没有订报纸看，还是不行。从现在起，我们在生活上节约一点，准备去买一台黑白电视机。那样能使孩子们紧张学习后，放松一下精神；我们也能天天听到新闻。"为了亲眼看见今年七月一日香港回归的盛况，我欣然同意了。

在一九九七年七月一日这一天，作为一个中国公民的我感到自豪，嘴里不停地念着："这就是在改革开放政策的指引下，建设有中国特色社会主义道路的结果啊！"

5. 二十九章：不收税钱的摊位

从九六年起，我家又有两姊妹学做瓜子生意：大女儿在县城宾馆外面，二娃在海关门前各用背篼搭起一个小摊子。这种生意对我们有好处，那就是本钱少，也同样能挣一点钱，但对环境卫生不利。不过在经营过程中，我知道城建局的工作员干涉过做这种生意的大人，对我家的两个孩子从来没有干涉过。

到九八年，大女儿要求买冰柜卖饮料。为了少花钱，经妻子多方打听，才知道在仙桃宾馆外面有一位姓罗的四川老乡因生意变动要卖冰箱。经双方面议后，冰箱和饮料共花了一千六百五十多元钱办成了，而且摆冰箱的摊位不动。从那时起，冰箱摊上除了卖饮料外，还可以终日卖瓜子，小生意没有萎缩，而是发展了。

九九年大女儿上卫校读书后，二娃也不愿意做生意了。当时的旅游业已经很兴旺，我们的冰柜摊就从"仙桃"外面转到既有游客又有驾驶员经常来往的国门。在连队的农活儿还没有出来的时候，我就负责冰箱摊子上的生意，瓜子、香烟和各种饮料基本上都是分开的，耳朵听不清楚同样能做生意。妻子还是跑着、问着卖。到了农忙季节，我长期打工，从未停止过；到那时候，她才坐下来做摊位上的生意；甚至有些时候因客太少，做生意每天的收入比不上打工，妻子也要跟着我去打工。

每日的摊位是由城建局固定的，没有特殊情况是不能动的。另外，每年除了在生意的旺季收一点卫生费外，其他从来没有收任何费用，特别是工商税务历年都是费用全免。这都是当地的党和人民政府对我们这些外来务工人员的照顾。二十六年多来，新疆霍尔果斯这一热土孕育着我们全家，使我家渐渐兴旺起来了。

6. 三十五章：两张通知书和红豆牌保暖衣

要说我们老两口才算真笨。在今年（2017）10月16日上午，我们二人到琪瑞大厦三楼的卡拉苏河社区办公室去办居住证时，要乘电梯。电梯去年11月份我在伊宁医院住院时是乘过几次的，而这一次还是按错了电钮。电梯虽然是在一楼打开了，但停下来后不但门没有开，反而电灯都熄了，我生气地说："搞得好，如果另外没有人上下，我俩就永久地站在这里吧。"妻子也叹气说："奇怪。今天还没有带手机。"结果，大约两分钟后门就开了。这时，我不管它是不是到了，拔腿就往外跑，一直到经过安检时才知道，原来这里就是三楼。从安检处到社区办公室没有几步，我却大声地嚷着我们对电梯的按钮不懂，几位社区的同志只是望着我，没有吭声。

办居住证的工作员是一位很年轻的女同志，她见我年纪大，马上端来一支凳子，关心地叫我坐下，随后就给我们办居住证了。等她这里的一切手续都办好后，又说派出所的同志今天已经外出家访，不知道什么时候回来，因为在盖派出所的公章时，本人必须到场，要核对照片，所以，叫我们明天上午早点来。在我和妻子离开办公室的时候，前面走着一位女工作员，她在和妻子小声讲着什么。直到进入电梯间时，才看见她在教妻子按电钮。等下到一层，她才和气地招了招手，又回办公室了。

当天下午将近八点钟的时候，我一边看电视一边又在讲办居住证的事情，要妻子第二天必须起早，在上午十点钟前到达社区办公室，同时提到今天送我们下楼那一位女同志，是值得我们学习、尊敬的。突然妻子从床上起来，向门前走去。门刚打开，上午社区那位给我们办居住证明的姑娘走到了我们面前，从提包里取出两张已经盖好了派出所公章的居住证申领通知，递给妻子后说："我怕你们明天来又赶不上时间，所以，今天下午派出所的同志回来的时候，我就跟他们说明了情况，他们很理解，没讲什么就把公章给盖上了。这时我已下班，给你们送来，明天你们就不用再麻烦了。"讲完话转身就往门外走去，妻子喊"谢谢你"！等我搞清楚了事情的经过时，心里那个感激、尊敬之情无以言表。他们不是亲人，胜似亲人。

从（2017）10 月 10 日起，我们做生意的地方——国门小商品市场开始装修，没法做生意，因闲着无事，每天都要出去转两圈。只有这样，三顿才能正常吃饭，晚上又能多睡一会儿。特别是我这种七十多岁的人，晚上实在是难熬。

今天，2017 年 10 月 13 号下午，第二次闲逛回到家里的时候，妻子双手递过来一套红豆牌保暖衣，并笑着对我说："这是霍尔果斯北社区的三位工作员送来的，他们听说你不在家，坐都没有坐一会儿，给茶也不喝，只说叫你把保暖衣穿上，注意保暖，吩咐完就走了。"

妻子要我马上穿上，我说不管哪时穿都一样，就像现在拿在手上，心里都暖和多了，这是共产党和人民政府对我们这些年老百姓的关爱啊！

7.三十六章：我住新房是浪费

去年下半年，儿子的第二套新屋刚办完购买手续，就带我和妻子去看了，并说明了是给我俩买的，只要有钱装修好了，就要我们搬进去住。看后离开时，我再三声明因房子太宽（148平方米），不适宜我们住。儿子说："知道你们住不完，但剩下的屋子同样可以租给别人住。"我最后告诉他说："一厨一卫，就是别人要来租住，我也决不会同意住进去，这一套房屋只有全租给别人住才行。如果是给你儿子准备的，就空着吧，免得弄脏。今年娃娃都十二岁了，最多还过十年，他就会带着女朋友进家，干干净净的新房，女方见了才满意。"

今年（2017）农历七月初八中午吃饭的时候，儿媳妇再三劝我说，新房是专门给我们买的，不是为了她儿子，要我们不要再租住现在的房子，太脏，不好。我还是没有同意。

在农历十月初，新房才开始装修的时候，儿子儿媳又来反复劝我们住新房，还说我们已经老了，有享受的就应该享受，他们挣钱买的就是我们的。另外，他俩还说我们住进新房里，能天天见到小孙子。听来听去，最后只回答了一句："我住新房是浪费。"

8.三十七章：从胜利走向胜利

我1943年10月出生，今年（2017）已经74岁了。从我学会了用科学、客观的方法看事物起，在中国共产党领导全国人民进行社会主义建设的进程中，一桩桩、一件件的事实充分印证了"只有社会主义社会才能救中国"和"只有走建设中国特色社会主义道路，中国才能发展强盛起来"是千真万确的真理。今天，在"一带一路"共商、共建、共享、互利共赢的光辉思想引领下，不仅是中国人民，而且是全世界爱好和平的人们，都必然在这条康庄大道上从胜利走向胜利。

岳永灿

2017 年 12 月

后　记

2019年10月18日，在告别了霍尔果斯所有的朋友之后，我踏上了回京的火车。当天傍晚的云霞悠悠地挂在天边，卡拉苏河的水流缓缓淌过这座城市，所有的事物如同我在时的三个月间一样平常，只是这次，我要从"日常"中抽身离开。我极力维持的心绪终于在上车时起了波澜，那一刻我对霍尔果斯的情感非常复杂，不舍与遗憾相互交织着涌上来，我惊觉，霍尔果斯作为我人生中第一个真正意义上的田野给我留下了不可磨灭的印记。

去年入秋时节，我进入中央民族大学学习人类学，并有幸成为赵萱老师门下的一名学生，开始参与"边界人类学"的相关学术研究。回顾过去，无论是学习还是生活，导师赵萱、师兄刘玺鸿、刘炳林和同门刘航苹都给了我非常大的关心和帮助，我得以在这一年半的时间里有所成长，在此对他们表示诚挚的感谢。尤其感谢赵萱老师的信任和支持，是他将收集和整理霍尔果斯口述史的任务交给了我，让我有机会切身去感受这座城市的温度。我临行之前，他鼓励我按照自己的想法开展工作，并嘱咐我灵活处事，不必呆板。在进入田野初期，我以他交代的用"普通人"的视角去看待"一带一路"下的霍尔果斯为主旨，力图在常人零碎的叙述中发现星星点点与之有关的信息，但我过于刻意，反而在结构化的访谈中流于形式。后期经师兄提醒，我发现霍尔果斯这些普通的居民只有在最自然的表述里才能流露出真实的想法和感情，所以本书的口述内容生活气息稍显浓重，并不十分专业。这也是我第一次开展"口述史"工作的不足和疏漏之处，尚祈方家和读者批评指正。

衷心感谢所有的访谈对象和为我提供各方面帮助的朋友们，虽然我已经在正文中有所提及，但是我想要在此正式地表达谢意。首先，感谢合作中心管理办公室主任梅启定、霍尔果斯海关桑杰、合作中心办证处阿瑛格协助我开展访谈工作；其次，感谢岳永灿和吴思琴夫妇、高云祥和童凤琴夫妇、杨菜华阿姨、张海峰叔叔、毕乐梅姐姐、卢群姐姐、刘启凡大哥、王坤大哥和刘林君大哥接受我的访谈；再次，感谢王金菊阿姨、郭荣庆大爷、吴志远大哥在霍尔果斯对我的照顾；最后，特别感谢华南理工大学教授李合龙老师对我在霍尔果斯调研的远程指导。从准备到结尾，所有在各种意义上参与到这本"小书"撰写中的人数众多，恕我在有限的篇幅里不能一一列举，还请原谅。

2019 年冬末，霍尔果斯飘起了雪，我留有联系方式的当地朋友们纷纷向我发来雪景的视频和图片，以弥补我未看见大雪便离开霍尔果斯的遗憾。照片里，这座城市褪去了夏季的喧闹，换上了一身华丽的银装，静谧而美妙。我于北京想起在霍尔果斯的经历，那三个月里，我秉承着人类学田野调查的宗旨，积极地融入"霍尔果斯口岸人"的角色中生活，并有幸成为霍尔果斯极短的一部分"历史"的见证者，而它也见证了一个普通学子笨拙朴素的努力。"瑞雪兆丰年"，年后离开春不远，我同所有向往美好生活的人们共同期待，希望这座城市的未来更好一点。

吴俊杰

2019 年 12 月 21 日

于中央民族大学图书馆